Ingrid Brachtel

Die Musik und die Liebe

D1729951

Ingrid Brachtel

Die Musik und die Liebe

Ein Leben ohne Musik ist wie
ein Fluß ohne Wasser

Ein spirituelles Lehrbuch über Musik und Liebe
für den Wandel in eine bessere Zeit

© tao.de in J. Kamphausen Mediengruppe GmbH, Bielefeld

1. Auflage 2015

Autorin: Ingrid Brachtel
Satz: Sebastian Bähr
Umschlag: Sebastian Bähr

Verlag: tao.de in J. Kamphausen Mediengruppe GmbH, Bielefeld,
www.tao.de, E-Mail: info@tao.de

Bibliografische Information der Deutschen Nationalbibliothek:
Die Deutsche Nationalbibliothek verzeichnet diese Publikation in der Deutschen
Nationalbibliografie; detaillierte bibliografische Daten sind im Internet über
http://dnb.d-nb.de abrufbar.

ISBN: 978-3-95802-859-3 (Paperback)
ISBN: 978-3-95802-779-4 (Hardcover)

Inhaltsverzeichnis

Göttlicher Prolog 9

Vorwort
Die Musik und die Liebe 12

Einleitung
Musik ist Leben – Musik heilt 22

TEIL I – MUSIKSCHAFFENDE
Komponisten 39
   Göttliche Einführung 39
   Claudio Monteverdi 42
   Johann Sebastian Bach 44
   Georg Friedrich Händel 49
   Franz Xaver Richter 55
   Joseph Haydn 59
   Wolfgang Amadeus Mozart 66
   Ludwig van Beethoven 71
   Franz Schubert 78
   Robert Schumann 81
   Giuseppe Verdi 85
   Richard Wagner 93
   Johann Strauss 98
   Johannes Brahms 104
   Modest Mussorgsky 111
   Antonin Dvorak 118
   Gustav Mahler 122
   Ottorino Respighi 129
   Igor Strawinsky 133
   Paul Hindemith 140
   George Gershwin 146
   Walter Jurmann 151
   György Ligeti 156

Dirigenten 162
  Göttliche Einführung 162
  Herbert von Karajan 165
  Sergiu Celibidache 174
  Rafael Kubelik 179
  Leonard Bernstein 185
  Karl Richter 194
Solisten 201
  Göttliche Einführung 201
  Sänger
    Beniamino Gigli 205
    Louis Armstrong 213
    Ella Fitzgerald 217
    Maria Callas 222
    Dietrich Fischer-Dieskau 230
    Fritz Wunderlich 239
    Michael Jackson 245
  Pianisten
    Clara Schumann 256
    Swjatoslaw Richter 260
    Friedrich Gulda 266
  Cellist
    Mstislaw Rostropowitsch 271

TEIL II – DIE MUSIK IST DAS HEILMITTEL DER ZEIT
Fangt bei den Kindern an 276
Kinder sind ein Geschenk 277
Musik für das werdende Kind 279
Musik für das Baby 281
Musik in den Kindergärten 283
Musik in den Schulen 284
Musiklehrende haben eine herausragende Bedeutung 286

Ausblick
Helft den Kindern der Welt – Die Musik und die Engel 291
Seid mutig – Fürchtet euch nicht vor dem Alleinsein 294

Musik ist ein einzigartiges Gebilde,
das zart und mächtig zugleich ist.

Diese Tönungen hervorzubringen in ihrer göttlichen
Bedeutung – darauf kommt es an.

Der Gott in der Musik ist der Funke,
der überspringt
und das Herz erwärmt.

(Franz Schubert)

GÖTTLICHER PROLOG

<u>Gott</u>: »Die Musik –
ja, was ist Musik?

Was ist sie in euren Ohren?
Was ist sie in meinen Ohren?

In meinen Ohren klingt sie anders als in euren Ohren.
In meinen Ohren ist es ein dauerndes Singen und Klingen.
Es hört nie auf.
Es erfrischt.
Es pulsiert durch mich hindurch.
Es ist ein Quell.
Es ist ein Labsal.
Es ist einfach wunderbar.

Und alles klingt zusammen.

Alles klingt ineinander und umeinander.
Alles bildet eine Einheit,
eine himmlische Einheit,
eine göttliche Einheit.

Die Liebe und die Musik.

Horcht, horcht, horcht auf,
wie es singt und klingt da droben in den Wolken.
Ja, in den Wolken singt und klingt es.

Horcht, horcht, horcht auf,
wie es singt und klingt in den Bächen.
Ja, in den Bächen singt und klingt es.

Horcht, horcht, horcht auf,
wie es singt und klingt in den Bäumen.
Ja, in den Bäumen singt und klingt es.

Horcht, horcht, horcht auf,
wie es singt und klingt um euch herum,
ganz dicht auf eurer Haut.
Es dringt hinein in jede Pore.

Öffnet euch, ja, öffnet euch der Musik und der Liebe.
Öffnet euch der himmlischen Musik.
Die Musik, die in euch dringt,
die Spuren hinterlässt.

Die nicht einfach wieder verschwindet,
nur so die Oberfläche berührt,
um dann nicht mehr zu sein,
einfach weg zu sein.

Es ist die besondere Musik.
Es ist die himmlische Musik.
Es ist die göttliche Musik.

Es ist die himmlische Liebe.

Ihr könnt sie zu euch holen.
In euch hineinholen.
Sie nicht wieder verlieren.

Sie ganz vorsichtig in euren Armen halten.
Singen und schwingen
und ganz leicht tanzen,
so als ob man etwas ganz Besonderes
ganz besonders vorsichtig halten muss,
damit es nicht zerstört wird.

Ja, Liebe ist zerbrechlich!
Liebe ist zart,
ist ganz besonders zart.

Achtet auf die Zartheit in der Liebe,
auf die Schönheit,
auf die Reinheit,
auf die innige Freude,
auf das Singen und Klingen in euch.

Ja, achtet auf das, was Liebe ist – und lasst sie zu.«

Die Musik und die Liebe

Welche Bedeutung hat die Musik für uns?
Warum ist sie uns gegeben worden?
Welche göttliche Absicht steckt dahinter?

Wie nutzen wir dieses himmlische Angebot,
diese ganz besondere Gabe, die für jeden Menschen da ist
und die in jedem Menschen enthalten ist?

Musik ist himmlisch.
Musik ist göttlich.
Die göttliche Musik ist Liebe.

Gott ist bedingungslose Liebe, ist grenzenlose Liebe.
Diese Liebe gibt es nur im Nichts, in der Stille.
Und aus dieser Liebe heraus ist die Schöpfung entstanden.

Nun, niemand weiß, wie das war mit der Schöpfung.
Kein Mensch wird das je erfassen können.
Aber laut kann es nicht gewesen sein.
Denn wahre Liebe ist leise, ist sanft.
Man kann Liebe nicht hören,
man kann Liebe nicht sehen,
man kann Liebe nicht erklären,
man kann Liebe nicht anfassen –
man kann Liebe nur *fühlen*.

Das Licht, das für die Menschen auf die Erde gekommen ist,
das ist das *Fühlen*.

Ich war unsicher, ob ich es richtig erfasst, ob ich es richtig aufge-schrieben habe, so wie ich das Vorwort jetzt zusammengestellt hatte. Da habe ich Gott um seine „wörtliche" Hilfe gebeten. Ich benutze ganz bewusst die Bezeichnung <u>Gott</u> für das nicht Erfassbare, Un-ergründliche. Die Bezeichnung Gott gibt vielen Menschen einen schalen Beigeschmack aus dem heraus, wie der Name Gottes immer wieder missbraucht worden ist und missbraucht wird. Aber darum geht es für uns in der jetzigen Zeit, diesen schalen Beigeschmack abzulösen, der mit dem, was Gott ist, nichts zu tun hat, damit wir uns von falschen Vorstellungen von Gott befreien und seine Liebe *fühlen* können.

<u>Gott</u>: »Ich bin Gott, der über allem steht.
Ich bin Gott, aus dem alles entstanden ist,
was für euch sichtbar ist.
Ich bin Gott, aus dem alles entstanden ist,
was nicht sichtbar ist für euch.
Ich bin der sichtbare und der unsichtbare Gott.
Ich bin nicht erfassbar für die Menschen.
Und so wird es bleiben bis in alle Ewigkeit. Amen.

Aber ihr könnt mich schon erahnen.
Ihr könnt eine Annäherung zusammenbekommen –
so möchte ich das sagen.

Und diese Annäherung ist es, die du jetzt aufschreibst.
Plage dich nicht unnötig. Du wirst es nicht auf
einen Nenner bringen können, denn den gibt es nicht.«

Die Schöpfung Gottes wurde aus der Liebe heraus geboren.
Und gefüllt mit Musik, mit Singen und Klingen.
Gott ist der Urton, aus dem alles andere entspringt.
Und in Allem-was-Ist ist dieser Urton enthalten.

Der Urton ist die Grundausstattung für die Schöpfung –
für alles, was zu ihr gehört.
Mit dem Urton ist alles in Verbindung mit Gott –
es gibt nichts von Gott Getrenntes.

Der Blick auf die Musik, auf die Liebe in der Musik, ist von großer Bedeutung für die Zeit, in der wir jetzt leben. So wie wir umdenken und verändert handeln müssen, damit die Erde uns und unseren Nachkommen erhalten bleibt, so müssen wir umdenken und verändert handeln in dem, was der Mensch braucht, um nicht verlorenzugehen in all den äußerlichen Aktivitäten.

Wir brauchen einen veränderten Blick auf die Musik. Denn die Musik ist das Heilmittel der Zeit – ein besseres ist noch nicht „erfunden" worden.

Die Musik kann dem Menschen in besonderer Weise helfen,
einen Zugang zu sich zu finden –
zu seinem wahren Selbst –
zu seiner Seele, zum Göttlichen in ihm –
zu seiner Liebe.

Wie bedeutsam ist da der Blick auf die Kinder! Der Blick auf die Liebe in der Musik gibt den Erwachsenen die Möglichkeit, die Kinder heilsam zu unterstützen in ihrer Entwicklung, ihnen ihr Leben – auch später als Erwachsene – zu erleichtern.

Jedes Kind ist voller Liebe und kommt mit dem Wunsch zu lieben in die Welt – es ist angebunden an die göttliche Liebe über die Engel, die aus den Kindern herauswirken. Man sieht es ganz besonders in den Augen der Babys.
Jedes Kind ist verbunden mit dem Urton, mit Gott. Und darauf könnte das Kind eine heilsame Grundmelodie entwickeln – seine eigene Lebensmelodie, die helfend Bestand hat für sein ganzes Leben.
Doch die eigene Grundmelodie,
das persönliche Klingen,

die unbeschwerte Lebendigkeit geht den Kindern verloren,
weil die Erwachsenen nicht nachdenken und nicht achtsam sind.
Das Kind verschließt sich dann aus Enttäuschung
mehr und mehr seiner Liebe.
Und Ego beginnt, sich zu entwickeln.

Die Kinder fühlen sehr wohl, dass da etwas nicht stimmt in dem,
was aus der Energie der Erwachsenen auf sie zukommt.
Sie wehren sich, aber müssen letztendlich geschehen lassen.
Sie sehnen sich aber nach ihrem eigenen Ton,
nach ihrem eigenen Grundton,
der Urvertrauen und Anbindung an das Göttliche beinhaltet –
dem Urton, mit dem sie in die Welt gekommen sind.

Wir können den Kindern hilfreich zur Seite stehen.
Sie werden es dringend benötigen!
Wir beginnen mehr und mehr, vorbeugend zu handeln.
Nicht erst dann, wenn psychische oder physische Krankheit,
Sucht oder gewalttätiges Handeln
junge Menschen schon vereinnahmt haben.

Wenn uns das bewusst ist, dann werden wir den Kindern
von der Musik so viel wie möglich mitgeben.
Aber ohne Druck,
ohne Vorzeigewahn,
ohne Beurteilung.

Und alle profitieren davon!
Nicht nur die Kinder – auch die Erwachsenen!

Das Kind *fühlt* sich mit der Musik.
Es *fühlt* den Zugang zu seinem Inneren.
Es *fühlt* das Verbundensein mit den Tönen,
die da aus ihm herauskommen.
Und darauf kann es aufbauen.

Ängste können abgemildert werden,
weil das Kind sich *fühlt*.

Wir investieren in die Zukunft unserer Kinder.

Gott: »Urton und Grundmelodie –
ja, erst der Grundton,
aus dem das Kind seine eigene Melodie entwickelt.
Erst einmal ein einziger Ton –
zart
klein
scheinbar unscheinbar.

Liebevoll angeklungen und erweitert –
ganz bedachtsam
behutsam
ganz behutsam.«

Dieser ganz kleine, zarte Ton ist wie eine winzige Klangschale,
die zum Schwingen gebracht wird.
Und diese Schwingung erfasst das Innere voll und ganz.
Sie reicht auch aus für einen Erwachsenen.
Es ist das *Urvertrauen*,
die bedingungslose Liebe,
der Urton,
der Gott in allen Menschen,
in allen Lebewesen,
in Allem-was-Ist.

Alles ist beseelt von Gott.
Gott ist der Ursprung,
die Quelle,
zu der auch wir gehören.
Alle Menschen gehören zu Gott –
kein Mensch kann verlorengehen.

Aber das Ego der Menschen sieht das anders. Ego glaubt, stärker zu sein als Gott – Ego stellt sich über Gott, möchte selbst Gott sein. Ego hat dunkle Macht – Ego ist das Gegenteil von Liebe. Und ich verweise hier auf mein Buch „Vom Ego zum wahren Menschsein" und mein spirituelles Lehrbuch „Das Ego und die Liebe", in dem u. a. erklärt wird, wie Ego in der Kindheit entsteht. In „Die Musik und die Liebe" ist der Blick ebenfalls auf das Ego gelenkt, gibt es einen erhellenden und damit hilfreichen Einblick in das Ego auf eine besondere Weise. Es sind Musikschaffende, die nicht mehr als Menschen auf der Erde sind, Komponisten, Dirigenten und Solisten, die aus ihren eigenen Ego-Erfahrungen, aus ihrem eigenen Leben berichten und aus ihrem Ego-Erwachen, aus ihrer Gottesnähe.

Sie mildern die Angst vor dem Tod.
Sie geben Lebenshilfe.

Sie stehen helfend zur Seite.
Sie wollen wachrütteln!
Es ist ihr Anliegen und ihre Aufgabe.

Und das alles zusammen mit Musik, Musik, Musik –
mit der göttlichen Musik –
mit der Liebe in der Musik.

Die eigene Grundmelodie, die eigene Lebensmelodie, sie ist das, was der Mensch ausstrahlt, wie der Mensch denkt, wie er fühlt, wie er sich ins Leben stellt – wie er klingt. Noch ist da viel zu viel Dissonanz bei den Menschen – hat das Ego noch das Übergewicht in der Welt. Und Ego ist das Gegenteil von Liebe. Der Mensch, der eingefangen ist von seinem Ego, ist voller Misstrauen, auch wenn er es auf seine Weise versteckt hält. Er klagt an, er spricht schuldig, er vertuscht scheinheilig. Selbsterkenntnis lässt er nicht zu. Und wenn er von seinem Ego-Thron abgestürzt ist, dann kann er sich wieder künstlich aufbauen, sich etwas vormachen, sich belügen. Und so gibt es ein dauerndes Hinauf und Hinunter.

Doch unabhängig davon, wie ein Mensch sich ins Leben stellt –
er bleibt immer in Verbindung zu Gott.
Sein Urton, seine Zugehörigkeit zu Gott, kann nicht verlorengehen.
Der Mensch hat nur keinen Zugang dazu.
Er fühlt sich getrennt, abgeschnitten.
Auch mit seiner Seele ist er immer in Verbindung zu Gott,
weil in seiner Seele das Licht,
das Göttliche immer das Übergewicht hat:
Seele existiert nicht ohne Gott.

Hat der Mensch die Lenkung seines Lebens seinem Ego übergeben,
kann er diese lichtvolle, diese liebevolle Verbindung für seine Le-
bensgestaltung nicht nutzen. Dann hat er keinen Zugang zu seiner
Seele; er kann seine Seele nicht *fühlen*.
Er stellt sich über Gott, aus Angst, vereinnahmt zu werden, so wie
er es als Kind von seinen erwachsenen Bezugspersonen erlebt hat.
Dann wird das Leben anstrengend.

Gott: »Der Urton ist Gott – Allumfassend.
Der allumfassende Gott.
Nichts ist da vereinzelt.
Es ist das, was Gott ist,
das Alles-was-Ist.

Mit der Seele entsteht menschliches Leben.
Die Seele ist ein göttliches Atom,
ist gewissermaßen ausgesandt, um Erfahrungen zu machen.
Sie ist aber nie getrennt von Gott.

Seele und Urton gehören sozusagen zusammen.

Für den Menschen ist es wichtig, erst einmal zu wissen,
dass er eine Seele hat. Und wenn er darin gefestigt ist,
kann er sozusagen höher hinauf – zu Gott – zum Urton.

Nun, da braucht der Mensch schon noch einiges an Hilfe.
Aber sie wird kommen!

Der Mensch soll nicht unnötig leiden.
Das ist nicht das göttliche Ansinnen.
Er kann es sich leichter machen.
Und dafür gibt es richtungweisende Bücher.

Und er kann seine eigene Grundmelodie für sich singen.
Eine Melodienfolge entwickeln nur für sich.
Sich zusingen am Morgen und am Abend.
Achtungsvoll sich selbst zuwenden mit einem eigenen Gesang.

Das alles sind wichtige Übungen auf dem Weg zu sich selbst,
zu seinem wahren Selbst –
heraus aus der Ego-Vereinnahmung.

Mit seiner Seele ist der Mensch ein Individuum.
Mit seiner Seele ist der Mensch verbunden mit Gott.
Mit seinem Urton ist er direkt in Kontakt zu Gott.

Der Erwachsene mit seinem Ego sollte nicht gleich zu hoch greifen –
erst einmal sich mit seiner Seele verbunden fühlen.
Sich als Mensch auf der Erde fühlen –
menschlich sein und menschlich handeln.

Dann ist schon so viel gewonnen!
Und was dann noch alles möglich sein wird?
Das wird sich einstellen nach und nach.
Meine Hilfe wird kommen.«

Wie verhältnismäßig leicht kann es da noch sein, auf den Urton,
auf die göttliche Anbindung bei den Kindern zu achten.
Je kleiner sie sind, desto leichter sind sie noch zu erreichen.

Aber es braucht die notwendige Ruhe und
Geduld der Erwachsenen.

Ohne jeden Druck.
Dem Kind Zeit lassen, den Ton zu finden, sich zu *fühlen*,
die eigene Melodie tönen zu lassen;
sich dabei bewegen – ganz behutsam.
Nichts Großes, gar nichts Großes –
ganz bescheiden und zart –
nicht gedacht für Applaus von anderen.

Anders ist es bei den Erwachsenen.
Der Erwachsene in seinem Ego ist fern von seinem Urton.
Aber er ist nicht weg.
Er legt nur das Ego drauf –
das Ego unterdrückt sozusagen den Urton.

Gott: »Ego ist stärker – aber nur scheinbar.
Ego ist gar nicht so stark.
Der Mensch lässt dem Ego nur so viel Macht über sich,
wenn er nicht erkennt, was da in ihm vor sich geht.

Drum singt und lasst es klingen in euch, soviel euch möglich ist!
Und verliert nicht aus den Augen, was euch in diesem Buch alles
mitgegeben wird für eure Entdeckungsreise in das Reich der
Klänge –
eurer Klänge –
eures Klingens.

Es lohnt sich!

Es ist der Menschen freie Entscheidung, wie sie leben wollen,
ob sie nutzen, was ihnen hier gesagt wird.
Sie sollen sich nicht mühen aus Angst, vielleicht bestraft zu werden,
wenn sie es nicht tun.

Denn so hat alles keine Wirkung,
hat die Liebe keine Chance,
kann man den Kindern nicht helfen.

Wer hilft, weil er glaubt, er muss es tun,
um selbst dadurch einen Gewinn zu haben,
der wird nicht viel erreichen können.

Nun, er wird gar nichts erreichen können.
Die Kinder gehen leer aus – und die Erwachsenen auch.«

Musik ist Leben – Musik heilt

Musik hat immer eine große Bedeutung in meinem Leben gehabt. Das Singen von Kinderliedern, als ich noch nicht in die Schule gegangen bin, das Singen im Schul-Unterricht, die Chöre während der Schulzeit, die Teilnahme in Chören als erwachsener Mensch, das Spielen auf einem Instrument alleine und zusammen mit anderen, das Hören von Musik und das Entdecken von immer wieder neuer Musik.

Die Musik in der Gemeinschaft, die vielen Konzerte, die ich in meinem Leben besucht habe, aber auch die Musik nur mit mir alleine: Mir war immer bewusst, wie Musik mir geholfen hat zu leben, mir in schweren Zeiten geholfen hat, mich getragen hat. Aber nie war mir bewusst, welche Bedeutung die Musik für unser aller Menschenleben hat:

Ohne Musik könnte die Menschheit gar nicht existieren!

Und auch, wenn Musik die Menschen häufig nur an der Oberfläche erreicht, wenn Musikschaffende nicht den göttlichen Odem in ihre Musik hineinlassen, so ist die Musik immer wieder eine neue Erfahrung, auch eine Bereicherung. Sie bringt Lebendigkeit ins Leben hinein – wenn auch nicht in der Weise, dass die Musik ihre heilende Wirkung entfalten kann. Etwas krass ausgedrückt: Es ist immer noch besser, mit einem Bierkrug in der Hand beim Oktoberfest auf dem Tisch zu tanzen und Stimmungslieder mitzugrölen, als zu Hause mit einem Bierkrug in der Hand vor dem Fernsehbildschirm zu versinken.

Musik ist Leben! Und es gibt so viele unterschiedliche Musik, dass niemand sie ganz erfassen könnte. Es gibt so viele unterschiedliche Musikarten, es gibt so viele unterschiedliche Musikinstrumente. Und es gibt die menschliche Stimme! Eigentlich kann der Mensch mit allem Klang erzeugen, er braucht nicht unbedingt ein teures Instrument. Für Kinder gibt es da viel zu entdecken. Es ist nicht abhängig von finanziellen Mitteln, wenn man Kindern die Musik nahe bringen möchte.

Musik zeigt alle Facetten menschlichen Lebens auf – sie ist so vielfältig wie die Menschheit selbst. Alle echten und alle unechten scheinheiligen Gefühle und alle Emotionen der Menschen finden Ausdruck in der Musik. Musik gibt es für jeden Geschmack, für jeden Anlass – Musik fehlt nirgendwo. Sie darf auch gar nicht fehlen, sonst wäre da eine große beängstigende Leere. Stellen Sie sich eine Hochzeitsfeier vor ohne Musik, eine Trauerfeier ohne Musik, Tanzen ohne Musik, das Oktoberfest ohne Musik, einen Zirkus ohne Musik, einen Kindergarten ohne Musik, eine Mutter ohne Lieder für ihre Kinder, einen Spaziergang an einem rauschenden Bach ohne Ton, Wind ohne hörbares Rauschen, Vögel ohne Gesang.

Es gibt Marschmusik, Musik zum Mitsingen, zum Mittanzen, zum Mitpfeifen. Es gibt Hintergrundmusik, Musik für die Bar, für das edle Restaurant, für das Tanzlokal, für das Schloss, für die Burg, für den großen Zapfenstreich, für das Oktoberfest, für den Fasching, für Hausbälle, für die Tanzschule, für den Konzertsaal, für das Opernhaus. Es gibt Spaßmusik, U-Musik, laute Musik, leise Musik, Musik für die Kirche, Musik zum Nebenbeihören, Musik, die Aufmerksamkeit erfordert, Musik zum Entspannen. Es gibt sehnsuchtsvolle Musik, tragische Musik, anmutige Musik, heftige Musik, melancholische Musik, dramatische Musik, beschwingte Musik, exstatische Musik. Es gibt Liebeslieder, Totenlieder, Loblieder, Schmerzlieder, Wiegenlieder, Soldatenlieder, Wanderlieder, Kinderlieder, Morgenlieder, Abendlieder, Frühlingslieder, Sommerlieder, Herbstlieder und Winterlieder. Es gibt Rap, Hausmusik, Rock und Pop, es gibt Schlager und Minnelieder. Es gibt Folk Songs, es gibt den Blues, den Dixieland, den Free Jazz, die jiddische Musik. Es gibt Volksmusik, Musik zum Krachenlassen, Musik für die Musiktherapie. Es gibt Musik, die fröhlich macht, Musik, die traurig macht, festliche Musik, langweilige Musik, einfallslose Musik. Es gibt den Tango, den Foxtrott, den Walzer, den Fado, den Flamenco, die Salsa. Es gibt die menschlichen Stimmen und ihre verschiedenen Stimmlagen. Der Mensch singt unter der Dusche, beim Wandern, im Chor, singt ein Geburtstags-Ständchen, besingt seine/ihren Geliebte/n, singt im Suff, singt am Steuer des Autos. Es gibt unendlich viele Instrumente: die Flöte, die Posaune, das Schlagzeug, die Geige, das Klavier, das Cello, das Alphorn. Es gibt Sinfonien, Quartette, Etüden, Klavierkonzerte, Violinkonzerte, Opern, Operetten, Musicals. Es gibt den Männerchor, den Frauenchor, den gemischten Chor, den Gospel-Chor, den Kinderchor. Es gibt und gibt und gibt und gibt und gibt und gibt und gibt und gibt und gibt und gibt und gibt und gibt und gibt …

Gehen Sie für einige Augenblicke in sich – und stellen Sie sich vor, wie es ist, wenn da gar nichts mehr klingt.

Sie werden erschrecken!

Es geht gar nicht ohne Musik!
Weil der Himmel voller Musik ist.
Er ist Musik.

Und der Mensch ist Musik!
Auch wenn er sie in den meisten Fällen noch nicht so entfalten kann, dass sie den heilenden Prozess seiner inneren Schmerzen und Verletzungen erfüllen kann.

Die Musik braucht einen besonderen Platz
im Leben eines jeden Menschen!
Musik gehört zum Leben!
Musik ist lebensnotwendig!

Jeder Mensch trägt in sich seine eigene Tönung,
seine eigene Grundmelodie.
Und die Musik aller Menschen, sie klingt zusammen.
Sie ergibt den gemeinsamen Klang aller Menschen.

Das Weltgeschehen zeigt uns, wie es mit den Grundmelodien
der Menschen weltweit bestellt ist:
Der Zusammenklang klingt nicht gut.
Zu viele Menschen leben aus der Dissonanz heraus –
auch wenn ihnen das so nicht bewusst ist.
Ihre eigene heilsame Grundmelodie kennen sie nicht.

Musik ist Klang.
Klänge sind Bewegung in Schwingungen.
Klänge können das Dunkle im Menschen durchdringen,
denn sie wollen ins Licht. Wenn das gelingt,
wird im Menschen etwas heilend in Bewegung gebracht.

Klänge helfen dem Menschen, sich seiner Seele zu öffnen.
Sie können dem Menschen helfen,
sich seiner echten Gefühlswelt zu öffnen –
sich zu fühlen.

Kinder, denen man einredet, dass sie nicht singen können,
erleiden einen großen Verlust, wenn sie sich später als Erwachsene
aus dieser Verurteilung nicht befreien.

Alle Kinder können singen!

Und jedem Kind kann geholfen werden,
seine Grund-Melodie,
seine eigene Melodie aus sich heraus zu entfalten und
zum Ausdruck zu bringen.

Für alle und für alles ist gesorgt in der Musik.

Wir müssen sie nur nutzen.
Uns entwickeln –
uns weiterentwickeln –
uns selbst heilen wollen.
Die Vielfalt schätzen –

uns an der Vielfalt erfreuen –
und die Freude über die eigene Stimme zum Ausdruck bringen!

Die heilende Musik in die Herzen der Menschen eindringen zu
lassen, das können noch die wenigsten Musikschaffenden.
Doch sie können die Menschen trotzdem berühren,
wenn auch nur an der Oberfläche oder unter die Haut gehend.
Und sie können bestimmte Gefühlsregungen ansprechen –
der Zuhörer fühlt sich verstanden in seiner ihm bewussten Gefühlswelt.

Aber heilende Musik kann nur da entstehen,
wo der Künstler nicht auf den Erfolg aus ist,
wo er nicht für sich braucht,
wo er nicht unter Erfolgsdruck steht,
wo er nicht zu viel will.

Es gibt Dirigenten und Solisten, es gibt kammermusikalische Verei-
nigungen, die eine Verbindung zum Komponisten der Werke haben,
die sie aufführen und zu der nach oben in die Weite geöffneten Dimension. Sie können sich unterordnen unter die komponierte Musik
und unter Gott. Sie haben die notwendige Demut. Sie sind nicht aus-
schließlich gebunden an ihre eigene festgefügte Gefühlswelt und
den Erfolg und damit auch nicht an ihr Ego. Sie wollen der Musik
dienen.
Das sind dann die großen Momente, in denen die Musik heilend in
die Zuhörer hineinfließen kann. Und das sind dann Heilungen, die
dem Zuhörer erhalten bleiben, auch wenn es sich nicht um allumfassende Heilungen handeln kann.
Für den Zuhörer ist es aber auch von Bedeutung, dass er nicht nur
erwartet, dass ihm da etwas Besonderes geboten wird, sondern dass
ihm bewusst ist, dass es für ihn um das Zuwenden und das Achten
des Dargebotenen geht und um das Erfassen des Göttlichen in der
Musik – dass er sozusagen mitgestaltet. Und dann kann ein Musiker-
lebnis wahrhaft zu einem inneren Heilungs-Prozess werden. Ich erinnere mich an ein Ereignis, als ich elf Jahre alt war und unser Musik-

lehrer uns einige Lieder aus Schuberts *Winterreise* nahe gebracht hat. Er ist dann mit uns in ein Konzert des noch jungen Dietrich Fischer-Dieskau gegangen. Es war ein Erlebnis für mich von einer Tiefe, die mein Musik-Hören geprägt hat für mein weiteres Leben.

Aber auch ein großer Liederreichtum ist uns seinerzeit in der Schule vermittelt worden, sogar in verschiedenen Sprachen, und das bis zum Abitur! Daran erinnere ich mich mit großer Dankbarkeit. Das war eine wertvolle Hilfe für uns, um mit den schrecklichen Bildern und Erlebnissen der Kriegs- und Nachkriegszeit einigermaßen umgehen zu können.

Da gibt es bei den Liedern so viel Unterschiedliches. Da gibt es Berührendes und Fröhlichmachendes und auch Mutmachendes. Eine kleine Bibliothek sollte sich jeder Mensch anlegen. Und er findet darin immer den richtigen Text zur richtigen Tageszeit. Und die Musik passt dazu und die Stimmung kann aufgehellt werden.
Es gibt aber auch unter den Schlagern und ihren Texten vieles, was berührt, was Mut machen kann und was auch sehr wichtig ist: einfach nur Freude machen kann.

Zurzeit fallen mir jeden Tag immer wieder Lieder ein, die in Vergessenheit geraten waren bei mir. Und es hört gar nicht mehr auf! Unglaublich, was ich da alles in mir gespeichert habe. Ich staune. Wo hatte das alles Platz?

Und selbst, wenn alte, desorientierte Menschen ihren Bezug zu ihren gelebten Leben aufgegeben haben – die Melodien und die Texte ihrer Lieder, die sie früher gesungen haben, sie sind alle noch da! Man muss sie nur mit ihnen singen – und es geht ihnen gut damit.

Ja, Lieder sind von großer Bedeutung! Und manchmal sind es besonders die kleinen, unbedeutenden Lieder, die sich wie kleine Vogelstimmen in die Herzen der Menschen hineinbewegen können. Aber wer nutzt sie noch? Wer singt denn noch voller Freude am Morgen beim Aufstehen und am Abend vor dem Schlafengehen?

Welches Lied fällt Ihnen ein, wenn Sie das lesen?
Und welches Lied noch?

Lieder können Lebenshilfe sein. Ja, die richtigen Lieder zur richtigen Zeit. Aber man muss sie erst einmal kennen, wenn man sie singen will. Die Kinder erlernen sie kaum noch. Die Zeit hat sich geändert, sie lässt sich nicht zurückdrehen. Doch die Menschen werden ihre neuen Lieder finden – und da entsteht auch schon Neues. Doch vieles ist noch in Verwirrung, klingt nicht in der Weise in die Menschen hinein, wie es hilfreich für sie wäre. Es fehlt noch der Bezug zum wahren Leben, zum Menschsein. Vorläufig ist da noch eine große Lücke, die gefüllt werden muss.

Musik ist für Kinder so wichtig – für ihre Entwicklung, für ihr späteres Leben. Und wie wichtig ist es, dass es genug Musiklehrer/innen, Kindergärtnerinnen gibt, die sich dem allgemeinen Druck weitgehend entziehen und Freude an der Musik vermitteln können.

Bedenklich ist es, dass überall zu wenig Personal da ist.
Bedenklich ist es, dass die Musik an den Schulen keinen Stellenwert mehr hat.
Ja, das ist sehr bedenklich! Hier muss sich etwas ändern!

Die Anhäufung von Wissen wird über die Lebensfreude gestellt.
Und das macht die Kinder krank!

Musik ist die Sprache der Welt. Musik ist ein dauerndes Geschehen, unaufhörlich, unaufhaltsam. Menschen gehen in Scharen in die Konzerte, weil Musik eine große Anziehungskraft hat. Und immer wieder erklingt sie neu die Musik, weil sie gefärbt ist durch die, die die Musik zur Aufführung bringen, durch ihre Liebe zur Musik – aber auch durch den Raum, in dem sie erklingt.

Mir ist jetzt manches erklärbar geworden, wo ich mich früher oft nicht verstanden habe. Da gab es Orchesterkonzerte, Solistenkonzerte und das Publikum hat gejubelt vor Begeisterung. Ich aber saß da und bin in gewisser Weise unberührt geblieben. Es waren perfekte Leistungen, aufregende Leistungen, erstaunliche Leistungen, bewundernswert allemal. Es ist der Perfektionismus, der zu bewundern ist, aber der Klang kann nicht heilsam in die Tiefe der Zuhörer gehen. Perfektionismus ist der Gegner von Liebe. Sein Instrument zu beherrschen, das ist natürlich wichtig, man kann es auch perfekt beherrschen. Aber einen perfekten Klang, eine perfekte Wirkung erzeugen zu wollen, das trennt den Musikschaffenden von der göttlichen Einwirkung – *Vollkommenheit* ist das Zauberwort.

Doch es gab auch immer wieder Musik-Erlebnisse, die ich nicht vergessen habe, die noch Tage danach in mir spürbar waren, die sich in mir gefestigt haben: in einem Klavier-Konzert mit Friedrich Gulda, einem Orchester-Konzert unter Karajan oder Celibidache oder Mariss Jansons u.a.m. Das konnte auch innerhalb eines Schülerkonzertes geschehen in einem bescheidenen Rahmen, oder durch einen Ziegenhirtenjungen mit seiner Flöte in Marokko.

Aber ich weiß inzwischen auch:
Alles ist göttliche Musik, hat für die Menschen ihre Bedeutung.
Aber das Heilende in der Musik, wenn sie mit dem Göttlichen in uns, mit unserer Seele, zusammentrifft –
das sollten wir nicht aus den Augen verlieren.
Das ist das Besondere!

Ich nutze für dieses Buch meine medialen Fähigkeiten, mein Angebundensein an die göttlichen Kräfte, an Gott und seine kosmischen Helfer, um ihre Botschaften für die Menschen weiterzuleiten. Es ist sozusagen ein Auftrag an mich, den ich gerne erfülle. Im Vordergrund ist in diesem Buch wieder die Stimme Gottes, ich befrage aber auch meine Geistführer und die Engel.

Ich nutze zudem meine Fähigkeit, in Kontakt zu gehen zu Verstorbenen. Ich habe in Abständen von Wochen und Monaten – insgesamt über einen Zeitraum von ungefähr zwei Jahren – mehrere Kontakte zu nicht mehr lebenden Komponisten, Dirigenten und Solisten aufgenommen. Sie haben eine große und hilfreiche Bedeutung für alle Menschen mit dem, was sie zum Ausdruck bringen – und zusätzlich für Musikschaffende für die Entwicklung zu Musik-Interpretationen hin, die mehr und mehr heilen können, die das Göttliche zulassen.

Der Mensch hat noch nicht den Schlüssel zu seinem wahren Selbst in den Händen, er vertraut sich lieber seinem Ego an und Ego passt höllisch auf, dass der Schlüssel nicht in seine Hände gelangt.

Ego ist die große Macht über der Menschheit.

Doch die Menschen werden umdenken müssen bei allem, was sich verändert in der Welt und bei allem, was da an Grausamkeiten geschieht. Immer mehr Menschen werden bewusster und achtsamer sein. Und der Zeitpunkt wird kommen, an dem mit der Hilfe Gottes das Ego der Menschen nicht mehr die zerstörerische Vormachtstellung hat, es sozusagen entmachtet wird: *Quantensprung, Bewusstseinssprung, Erwachen, Transformation* oder wie ich es vermittelt bekommen habe: *Erlösung.*

Erlösung der Menschheit durch Gottes Hilfe –
Erwachen und *Befreiung* aus dem Ego-Gefängnis.

Die Menschen werden den Schlüssel zu ihrem wahren Selbst in ihren Händen halten –
und die Dunkelheit des Egos wird sich auflösen in Nichts –
und die Menschen werden beginnen, alles wieder aufzubauen, was zerstört worden ist –
und alle werden mit einbezogen in den Aufbau, auch die Kinder.

Und jede Hilfe, die notwendig ist, wird da sein und auch angenommen werden.
Alles, was an Hilfreichem für die Menschen bereitsteht, aber durch die Ego-Verblendung nicht genutzt worden ist, kommt dann in einen heilenden Kreislauf, weil die Menschen ohne ihr Ego-Gefängnis die göttlichen Hilfen zulassen. Sie wenden sich nicht mehr ab, sie wenden sich zu. Da ist keine übermächtige Angst mehr, die sie hindert.

Vernunft kehrt ein – die Menschen wissen, was zu tun ist.
Niemand muss sich hervorheben, jeder ordnet sich ein,
findet seinen Platz. Das Miteinander, das Zusammenarbeiten und
Zusammenwirken, so wie es die Menschheit voranbringt,
alles wird sich zusammenfügen zum Wohle der Schöpfung Gottes.

Gott:
»Es hat der Mensch sich eingefügt in Vorstellungen,
die der Schöpfung Gottes nicht guttun.
Und es wird immer schlimmer.

Wie soll das jemals besser werden?
Wer sieht da eine gute Möglichkeit?

Seid ehrlich!
Beantwortet diese Frage ehrlich!

Und dann nutzt euer Wissen, um schon vorzubereiten –
um dann zu denen zu gehören,
die helfend und heilend eingreifen können,
die nicht auf Hilfe angewiesen sind.
Denn die braucht es unbedingt bei der Vielzahl
der kranken und erschöpften und ausgelaugten Menschen,
die wie blind dahingelebt haben.

Und die, die sich bereichert haben an Mensch und Natur,
die nur an ihren Machtgewinn und an Reichtum interessiert waren,
sie werden sich ganz besonders einfügen müssen
in die Mühen des Aufbaus.

Jeder bringt seinen Einsatz, seinen Anteil,
erkennt, was er tun muss,
damit ein gemeinsames,
gerechtes Miteinander die neue Zeit prägt,
die neue Welt regiert,
die neue Welt aufbaut.

Manchmal glaubt der Mensch, er könnte herausspringen aus allem,
um nicht von dieser Welt zu sein, um nichts zu tun zu haben
mit all dem Schrecklichen, was da geschieht.
Aber das geht nicht, das geht gar nicht,
denn er ist ein Teil der Menschheit, ein wichtiger Teil.
Jeder Mensch ist ein wichtiger Teil, das muss ihm bewusst sein.

Wer glaubt, er ist ja nur so ein kleiner hilfloser Mensch,
der doch nichts bewirken kann,
der schadet sich und der Menschheit.«

Wer bereit ist, jetzt schon Hilfe anzunehmen und sich unterzuordnen, in Kontakt zu gehen, der wird verstehen. Der wird erfühlen
und für sich nutzen können, was das besondere Anliegen, die
besondere Hilfe der Musikschaffenden für uns Menschen ist:

Es geht um Leichtigkeit
um Dankbarkeit
um Andacht und Innehalten
um Aufhorchen
um Lebendigkeit
um Einklang
um Achten und um Achtsamkeit
um Wertgefühl und Ehrfurcht
um Zufriedenheit
um Heiterkeit
um Entspannung
um Freude
um Mutmachen.

Es geht darum, die Liebe zuzulassen,
die egozentrierten Gefühle mehr und mehr hinter sich zu lassen.
Neue Farben, neue Tönungen in die Musik
und damit ins Leben zu bringen.
Das eigene Können in Ehren halten – an sich glauben!
Herzen zum Klingen bringen.

Sich der Schöpfung zuwenden –
Leben und Tod zusammenbringen.

Befriedigung der Sucht nach Erfolg und Anerkennung,
teure Konzertsäle, große Events – sie verlieren an Bedeutung.
Und an ihre Stelle kommen mehr und mehr Darbietungen,
die die Menschen in ihrem Inneren erreichen,
die in die Tiefe gehen – weil die, die die Musik zum Klingen bringen,
sich unterordnen können, die notwendige innere Ruhe haben.

Und mehr und mehr gewinnt das „Miteinander-Erschaffen" an
Bedeutung.

Etwas Gemeinsames formen heisst:
Grenzen auflösen –
Grenzen überschreiten.
Die Welt und die Musik in ihrer verbindenden,
heilsamen Kraft erfassen.

Mit Miteinander ist auch gemeint, die Musik des Komponisten zu
erfassen, zu achten und zu ehren und dann – sofern ein inneres
Bedürfnis da ist – sie mit Eigenem zu mischen.

Neues darf entstehen, soll auch entstehen.
Und es erblüht etwas Gemeinsames –
im Gegensatz zum Egozentrierten.

Und wenn sich auch schon vieles
in einer helfenden Veränderung befindet,
so ist es noch nicht genug, braucht es mehr.
Die notwendigen Hilfen stehen bereit – für jeden ist gesorgt!

Jeder Mensch kann einen Zugang
zu seiner eigenen inneren Melodie finden,
und den Zusammenhang von Gott und Musik
und Mensch und Musik erfassen. ⌐

Und auf diese Weise Musik neu hören,
neu in sich und aus sich heraus erklingen lassen.

Es geht um Befreiung, auch darum, die eigene Stimme zu befreien,
damit sie mehr und mehr klingen kann.
Viele Menschen brauchen dafür Hilfe.
Und so es geht nicht nur um Hilfestellung für die Menschen, die die
Musik zu ihrem Beruf gemacht haben. Ich erinnere mich, wie ich vor
einigen Jahren beim Singen sozusagen „unterrichtet" worden bin.
Ich war eine gute Chorsängerin, aber meine Stimme war nicht frei.
Und der Gesangsunterricht hat mich nicht weitergebracht, eher immer wieder zurückgeworfen. Ich weiß nicht, wer es war, der mir geholfen hat, aber ich habe die hilfreichen Anweisungen intuitiv und
dankbar angenommen.

Wenn wir ein ernsthaftes Anliegen haben,
wenn wir eine Bitte, einen Wunsch äußern,
dann kommt die Hilfe zu uns, die passt.
So einfach ist das!
Das wird auf wunderbare Weise gelenkt.
Das Universum regelt das für uns.

Aber wir müssen uns zuwenden!
Der Impuls muss von uns kommen –
mit Achtsamkeit und in Aufrichtigkeit.

Hören wir auf das, was uns hilfreich in diesem Buch
mit auf den Weg gegeben wird.
Es ist eine Hilfe für uns für den Wandel in der heutigen Zeit,
in der Veränderung unabdingbar ist –
in die Ruhe hineinkommen muss,
soll Gottes Schöpfung uns erhalten bleiben.

Und auch, wenn ich die Auswahl der Komponisten, Dirigenten und
Solisten nicht vorgeplant hatte und nicht jeder Leser damit zufrieden sein wird, so konnte alles zum Ausdruck gebracht werden, wor-

auf es ankommt, bekommt der Leser genug Stoff zum Nachdenken und auch zum Wundern.

Denn Musik ist etwas Wunderbares, wenn wir gut damit umgehen.

Musik ist Wunder – Musik ist göttlich – Musik ist Leben – Musik heilt.

<u>Gott</u>: »Es ist ein großes Wirken zwischen den Menschen einerseits und der Musik und Gott andererseits.
Das hängt zusammen – das ist ein fein gewebtes Netz.
Und je mehr die Menschen sich mit ihrer Musik im Göttlichen verankern, desto feiner wird dieses Netz und
desto wunderbarer werden die Klänge.
Die Klänge können sich vervielfältigen und fortpflanzen.
Sie legen sich hinein in die Menschen und sie heilen.

Ja, die göttliche Musik ist Medizin.

Sie erreicht die Menschen, sie erreicht jeden Menschen.
Und auch wenn es Menschen gibt,
die sich gegenüber der Musik verschlossen haben,
so kann es da ein Öffnen geben –
erst eine kleine Öffnung, aber dann …

Ein Mensch ohne Musik ist wie ein Fluss ohne Wasser.

Stellt euch dieses Bild vor.
Es sagt alles aus.

Die Musik ist das mächtigste göttliche Heilmittel.

Aber wie wird umgegangen mit der göttlichen Musik?
Ist das alles so in Ordnung?

Nun, da muss ich sagen, schaue ich besorgt zu den Menschen.
Sie wird nicht als Heilmittel erkannt, nur zu wenig.
In erster Linie als etwas, was den Menschen etwas geben soll,

das gut aufgemacht ist, damit man Beifall bekommt, Applaus!
Ist der Applaus schwach, dann …

Ja, wie viel göttliche Musik wird überhört –
kommt nicht wirklich in die Öffentlichkeit.
Aber da möchte ich sagen: Es ist gut so!
Denn im kleinen, bescheidenen Rahmen kann sie sich viel besser
entfalten in ihrer Reinheit – und kann Menschen erreichen.

Musik ist magisch – sie hat magische Kräfte.

Die Musik kann Menschen zu Tränen rühren, weil eine Saite in ihnen
angesprochen wird, die sich in ihnen aus altem Leid verkrampft
hatte. Sie löst sich – es ist eine Heilung geschehen.
Die Musik kann Menschen zum Tanzen anregen. Und das ist wunderbar, denn der Körper liebt es, auf diese Weise bewegt zu werden.
Die Musik kann zum Mitsingen anregen –
und das ist auch wunderbar.
Aber sie kann auch zerstören, ja auch das kann Musik,
wenn die Menschen sie nutzen, um ihre Dunkelheit zu fördern.

Musik zeigt alle Facetten menschlichen Lebens auf –
sie ist so vielfältig wie die Menschen selbst.

Gebt den Kindern von meiner göttlichen Musik,
von unserer göttlichen Musik.
Gebt den Kindern!
Gebt ihnen Musizierfreude und Rhythmus.
Lasst sie selber kleine Lieder entwickeln.

Aber alles mit spielerischer Freude, ohne Druck, ohne Vorzeigewahn.
Ja, der muss raus, den sperrt endlich aus.
Ihr macht euren Kindern sonst ein Gefängnis.
Und die Musik gibt ihnen nicht den Halt,
den inneren Halt, das innere Klingen,
das sie für ihre Entwicklung brauchen.

Musik, Musik und immer wieder Musik.
Vielfältig ist das Angebot und vielfältig ist die göttliche Musik.
Musik, die Freude macht, die den Menschen schwingen lässt,
ihn aufblühen lässt, auch diese Musik ist göttlich –
ein frohes Beisammensein mit Musik,
die man hört oder auch selber mit erklingen lässt.

Das Göttliche ist reine Liebe und ist göttliche Musik.
Und da fließen sie zusammen die Liebe und die Musik.
Und wenn ihr das nächste Mal in ein Konzert geht, dann geht mit
dieser Vorstellung in das Konzert und hört mit dieser Vorstellung zu.
Und wenn ihr unberührt bleibt von dem Gebotenen,
dann erkennt, wie das zusammenhängt.

Ich habe die Musik erfunden – so möchte ich es ausdrücken –
zum Wohle der Menschen.
Der Mensch ist Musik, ist göttliche Musik.
Alle seine Zellen können durchdrungen sein von Musik.
Dann ist er licht und heiter –
dann ist er bei Gott angekommen.

Macht euch auf den Weg, die göttliche Musik mehr und mehr
in euch hineinzunehmen – zu eurem eigenen Wohl.
Stellt euch immer wieder mal vor, wie es ist, wenn in euch alles
nach einer wunderschönen Melodie tanzt.
Alles ist in Bewegung, aber passt zusammen, weil das Mittel rein ist.

Stellt euch das vor. Und dann freut euch!
Und tanzt mit diesem Gefühl für euch.
Und freut euch, dass das Leben so viele schöne Seiten haben kann,
die nichts kosten und die niemand einem stehlen kann.

Selbst im dunkelsten Gefängnis kann man diese Musik
in sich ertönen lassen.
Und Licht kommt hinein in den Menschen.
Die Dunkelheit hat nicht die Übermacht.

Nun weiß ich, dass das nicht so leicht ist, wie ich es sage,
weil der Mensch so viel zwischen sich und Gott stellt.
Weil er seine Seele immer wieder wegdrängt,
so als ob er sie nicht brauchen würde.

Aber seid euch eurer Seele bewusst
und mit ihr der göttlichen Musik.
Und dann nutzt alles zu eurem Wohle.

Nun, es ist immer des Menschen Wille,
egal, worum es sich handelt –
was will er nutzen?

Der Mensch lehnt zu gerne ab.
Darin ist er ein Weltmeister.

Aber das führt ihn nicht auf seinen Erfolgsthron,
dessen soll er sich immer mehr bewusst sein.
Gott abzulehnen heißt, sich selbst Schaden zuzufügen.
Deshalb seht euch an als göttliche Wesen,
die eine göttliche Seele haben.

Gott ist euch so fern – aber eure Seele ist euch so nah.
Fühlt eure Seele – und ihr *fühlt* Gottes Liebe.«

TEIL I

Musikschaffende

Komponisten

Göttliche Einführung

Gott: »Nun, was soll ich dazu sagen?
Was kann ich dazu sagen?
Was muss ich dazu sagen?
Alles ist vorbereitet für die Menschen.
Alles hat eine bewusste Richtung.
Alles, was ich den Menschen geben möchte,
das kann sie erreichen.

Aber ob sie es nutzen und wie sie es nutzen,
das kann ich nicht beeinflussen.
Das will ich nicht beeinflussen,
so möchte ich das lieber sagen,
denn das ist euer Teil.

Ihr müsst euren Teil erfüllen!

Ich erfülle alles, was die Menschen für ihr wahres
Menschsein benötigen.
Aber sie gehen nicht gut genug damit um.
Und so verlaufen sie sich immer wieder zu schnell.
Aber es ist ja noch nicht zu spät.
Ihr könnt noch nachdenken, nachprüfen,
euch die Musik zu eigen machen
in ihrer heilsamen Form.

Die Komponisten, ja, sie sind wahre Meister in ihrem Fach,
auch die nicht so berühmten, die scheinbar unscheinbaren.
Aber das gibt es nicht. Es ist für alles gesorgt!
Für alle Menschen ist gesorgt – auf der ganzen Erde.

Und ich höre den Zusammenklang.
Ja, ich bin Zusammenklang.
Und er strömt aus mir heraus.
Ihr könnt euch nehmen davon.

Ehrt eure Komponisten in der Weise,
dass ihr dankbar seid dafür, dass sie sich eingesetzt haben.
Dass sie sich bereit erklärt haben, ihre Aufgaben zu erfüllen.
Stellt euch vor, alle Komponisten hätten sich lieber
zurückgezogen in die Berge, in eine einsame Hütte –
ohne Papier und Schreibutensil.
Da hätten sie viel in ihrem Kopf gehört,
immer wieder neue Musik.
Aber sie wäre verkümmert.
Sie wäre nicht weitergegeben worden.

Deshalb dankt ihnen! Und besonders denen,
die ihre Dienste, verankert im Göttlichen, euch weiterhin anbieten.
Sie komponieren keine neue Musik mehr.
Aber sie geben Anregungen, Hilfestellungen.
Und mit ihrer Energie unterstützen sie Musikschaffende,
die hinhören können, die bereit sind, Hilfe anzunehmen,
die nicht nur sich selbst sehen wollen.
Das ist eine große Bereicherung für die Musikschaffenden!
Drum verneigt euch vor euren Komponisten und dankt ihnen!

Aber macht euch nicht klein.
Im Göttlichen sind alle gleich.
Da gibt es kein oben und kein unten,
kein klein und kein groß.

Drum verneigt euch auch vor euch – und dankt euch,
weil ihr den Weg zur Musik gefunden habt in einer
tieferen Dimension – in einer aufrichtigen Haltung.«

Claudio Monteverdi

1567–1643

Ich weiß manchmal nicht, was ich von mir halten soll.
Vor allen Dingen weiß ich nicht,
was ich von den Menschen halten soll.
Sie haben doch alles, was sie brauchen,
damit die Musik sie himmlisch umarmen kann!
Aber sie nutzen es nicht.
Sie verlangen von der Musik.
Sie erwarten von der Musik.
Sie können sich nicht wirklich einstellen
auf die Schönheit der Musik.

Was bringe ich zum Ausdruck?
Was sollte ich zum Ausdruck bringen?
Was sollte ich den Menschen bringen?
Denn es hat ja einen Sinn ergeben,
dass ich da im Leben war, so wie ich gewirkt habe.
Das hat einen Sinn ergeben!
Das war Gottes Wille!
Und ich bin seinem Willen gefolgt.
Ich hätte gar nicht anders können.
Für mich gab es nur diese einzige Möglichkeit.

Aber Gott zu dienen, Gott zu ehren und zu danken
für das, was er den Menschen alles an Geschenken macht,
das fällt den Menschen so schwer.
Sie wollen haben!
Die Musik soll ihnen helfen, die Zeit zu füllen!
Die Musik soll IHNEN dienen!

Aber ich sage NEIN!
Die Musik dient euch nicht so, wie ihr euch das vorstellt.

Sie ist da, weil sie göttlich ist. Sie ist wie Gott.
Ihr müsst eine Verbindung herstellen.
Ihr dürft nicht erwarten, dass die Musik euch berauscht,
euch die Glücksgefühle gibt, nach denen ihr euch sehnt.

Die Musik erreicht die Menschen, die sich einlassen können,
die wissen, dass sie sich einfügen müssen, wenn die Musik
heilsam in ihnen wirken soll.
Sie müssen sich einfügen, sich nicht über die Musik stellen.

Denkt darüber nach, ich bitte euch!
Damit die Musik in eure Herzen einströmen kann.
Dafür ist sie gedacht!
Das ist es, was Gott mit seiner Schöpfung vorgehabt hat.
Und dazu gehört die Musik zum Wohle der Menschen.

Das Äußerliche, das Hervorragende, das Einmalige,
das Brilliante – das ist es nicht.
Aber sich berühren lassen,
die göttliche Botschaft in sich eindringen lassen,
die Liebe zulassen – das ist es!

Ich war in der Liebe.
Und ich bin in der Liebe.
Und ich bleibe in der Liebe.
Und ich fülle mit meiner Liebe meine Musik.
Und so bin ich mit den Menschen.

Gebt nicht auf! Überlegt! Fügt euch ein!
Ordnet euch unter – unter die himmlische Musik.
Und eure Herzen beginnen zu klingen.

Es sind zu wenige Herzen, die klingen.
Es sind viel zu wenige Herzen, die klingen.
Wir sind hier so viele, die sich bemühen, immer mehr Herzen
zum Klingen zu bringen – wir geben nicht auf.

Johann Sebastian Bach
1685–1750

Ich bin hier, ja, ich bin hier.
Ich schaue auf das Musikleben und Musiktreiben mit Argus-Augen.
Ich bin immer noch dabei, Musik einzustudieren,
Musik erklingen zu lassen.
Die Musik ist mein Leben!

Alles ist Musik! Und ich trage dazu bei,
dass Musik erklingt in wunderbarer Weise.

Ja, ich kann einwirken, wenn da ein gewisser Gleichklang ist
zwischen den Menschen, die meine Musik spielen, und mir.

Es muss etwas anklingen!

Sie müssen eine Beziehung zu mir als Mensch haben.
Ja, es muss ihnen bewusst sein, was es heißt,
Musik zu komponieren, etwas für die Freude und Kraft
der Menschen beizutragen, ihnen etwas zu geben.

Manche glauben, sie verstehen meine Musik.
Aber das ist ein großer Irrtum!
Wirklich meine Musik verstehen,
das können nur wenige.
Da bin ich schon manchmal enttäuscht,
weil ich mich verkannt fühle.
Aber dann ist es mir auch nicht mehr so wichtig.
Es ist mir auch nicht mehr wichtig,
ob man meinen Namen nennt oder nicht.

Die Menschen können meine Musik verwenden
und damit machen, was sie wollen.

Sie dürfen sie verändern,
sie sollen sie sogar verändern!
Aber immer muss da eine Basis sein
zwischen mir und dem Menschen –
muss er erst einmal auch mich verstehen,
meine Musik verstehen.
Um dann herauszugehen aus sich,
um meine Musik in neue Formen und neue Farben,
in neue Tönungen zu geben.

Es ist an der Zeit, auch die Musik zu bereichern.
Ja, sie zu verfeinern in einer Weise, dass die Menschen
der heutigen Zeit einen Zugang bekommen,
der sie öffnet, der sie weitet,
der sie weiterträgt in ihren Gefühlen und Vorstellungen.

Die Musik soll etwas in den Menschen öffnen,
was sie bis zu diesem Zeitpunkt noch nicht gefühlt haben.

Und ich helfe dabei.

Ja, achte darauf! Du wirst den einen oder anderen hören –
und du wirst staunen.
Du wirst nur staunen und ein Glücksgefühl erleben:—
Ein großes Glücksgefühl.

Die Musik ist des Himmels.
Aber die Hölle möchte sich auch immer einmischen.
Sie verstopft den Menschen die Ohren.
Es ist dann nur ein kurzer Eindruck,
der geht nicht wirklich tief.

Die Musik, sie soll eindringen in die Menschen,
sie andächtig und ruhig werden lassen.
Und Spuren hinterlassen,
die Freude in ihnen hervorbringt.

Eine Freude, die sie dazu bringt,
auch ihr Leben zu überdenken –
die Schöpfung zu spüren und
sich der Schöpfung zuzuwenden.

Ja, es geht darum, sich der Schöpfung zuzuwenden!
Und dabei helfe ich. Und nicht nur ich.

Ich kann auch mehrere Menschen unterstützen.
Da gibt es für mich keine Begrenzung.
Das geht hier alles so leicht.
Da ist für alles genug Energie vorhanden.
Da fließt die Energie wie ein Wasserfall –
aber wie ein mächtiger Wasserfall.

Wem es ein Bedürfnis ist,
sich mit mir in Verbindung zu setzen,
der stößt bei mir auf offene Ohren.
Ich habe viele Ohren, so viele, wie gewünscht werden.

Und da kann ich lachen!
Weil hier alles so leicht ist, alles möglich ist,
wie man sich das gar nicht vorstellen kann auf Erden.

Ja, meine Energie kann sich in gewisser Weise vervielfältigen.
Und dann gibt es da auf einmal viele Bachs.

Lustig ist das!

Es soll auch nicht alles nur ernst sein.
Denn wahre Ernsthaftigkeit,
wahres Engagement,
wahre Liebe –
sie brauchen den Frohsinn,
die Heiterkeit und
auch den Übermut.

Aber alles in der richtigen Dosis.
Und alles darf sich mischen.

Oh, da kann ich mich freuen über das,
was sich da noch alles zeigen wird,
sich ergeben wird,
die Menschen bereichern wird.

Und meine Musik, sie bleibt mit dabei –
denn es ist Gottes Musik.

Zweiter Kontakt

Nun, was kann ich noch ergänzen?
Es ist doch eigentlich alles gesagt.

Und trotzdem ist mir immer wieder so,
als ob die Menschen nicht wirklich zuhören,
nicht wirklich aufnehmen, was da ausgesagt worden ist.

Und ich bitte alle Leser, aufmerksam zu sein,
nicht einfach so schnell hinwegzulesen über das,
was da ausgesagt wird.

Wir alle geben uns große Mühe, bitte glaubt das.
Nichts ist leichtfertig und ohne Bedeutung.
Nehmt euch die notwendige Zeit,
sonst verläuft sich alles wieder zu schnell im Sande –
und das möchten wir nicht.

Unser Potential ist groß –
unser Potential für die Menschheit –
unterschätzt das nicht!

Aber ich bin nicht verzagt.

Ich möchte nur einen Anstoß geben, der bewusst macht,
dass ihr es euch leichter machen könnt.

Und das hat doch einen großen Wert!

Die Herausforderungen der heutigen Zeit sind von besonderer Art –
wir können euch helfen.

Georg Friedrich Händel

1685–1759

Ich bin hier und ich bleibe hier.
Ich bin irgendwie statisch, ich rühre mich nicht vom Fleck.
Jeder, der von mir etwas will, findet mich immer am selben Ort.
Er kann sich auf mich verlassen.
Ich habe eine Richtung und diese Richtung habe ich nicht verlassen.
Ich habe immer gewusst, was ich will.
Und ich lasse mir da auch nicht reinreden!

Und Sie lasse ich gar nicht erst an mich heran!
Ich bin der große Händel und was sonst noch?!
Lassen Sie mich zufrieden!

Die Welt ist verrückt! Sie heben mich nicht auf den Thron,
der mir gebührt. Und ich schaue verächtlich auf alle diese Komponisten, die mir nicht das Wasser reichen können. Ja, so ist das!

Und damit können wir unser Gespräch beenden.

Zweiter Kontakt

Nun, ich bin schon verändert – ich habe mich verändert.
Ich bin, ja, was bin ich denn nun?
Ich bin einfach aufgebrochen – mein Herz hat sich geöffnet.

Wie ist das geschehen?
Was ist da mit mir geschehen?
Ein Wunder?

An dieses Wunder habe ich nicht mehr glauben wollen.
Ich war viel zu sehr enttäuscht von dem,

was ich im Leben verloren hatte.
Ja, ich hatte immer das Gefühl, ich bekomme nichts dazu.
Ich verliere immer mehr.

Ich musste da so sehr auf mich aufpassen.
Ich musste mich zusammenhalten.
Und ich fühle, wie eng es für mich war,
wie böse ich sein konnte, wie missgünstig.

Ich spüre, wie hässlich sich das anfühlt.
Und jetzt? Jetzt bin ich erlöst aus all diesen Zwängen,
die mich festgehalten haben,
die ich brauchte, um existieren zu können.

Und ich erschrecke! Wie dumm war das alles,
was ich da gedacht habe, wie dumm!
Und wie sehr habe ich mich doch immer wieder selbst verletzt.
Ich hatte doch alles, um mich an mir,
an meinem Schaffen zu erfreuen.
Aber ich konnte nicht genug bekommen.
Ich wollte mehr, ich wollte …

Ach, ich möchte nicht mehr erinnert werden.
Ich freue mich jetzt einfach nur, dass es mich gibt.
Und natürlich meine Musik!
Ich hätte sie gar nicht besser machen können –
sie war gut genug.
Sie trägt den göttlichen Odem in sich.
In gewisser Weise war ich ein Gesandter Gottes.
Er hat mir Flügel verliehen!
Aber ich habe sie mir immer wieder gestutzt.

Jetzt ist das alles vorbei.
Alles ist wie verschwunden in einem Verlies mit festen Mauern,
in dem ich jetzt nicht mehr wohne.

Ich lache, ich tanze, ich freue mich!
Alles ist so leicht!

Aber nicht nur das, ich bitte euch.
Da muss schon noch mehr kommen.
Schließlich habe ich doch noch ein Wörtchen
mitzureden in der Musikwelt!

Schaut auf mich, hört in mich hinein!
Ich meine natürlich in meine Musik!
Oder Gottes Musik?
Oder meine und Gottes Musik?
Oder Gottes und meine Musik?
Ja, wie ist denn das nun richtig?

Aber mir ist das egal.
Auf das Ergebnis kommt es an!
Und ohne Gott kein Mensch!
Ohne Gott kein menschliches Wirken!
Ohne Gott keine Musik!

Ich habe meinen Auftrag erfüllt in meinem Leben.
Und das hat mich unendlich beruhigt.
Da muss ich mir keine Vorwürfe machen.
Oh, wie mich das erleichtert!

Es tut dem Menschen nicht gut,
wenn er unzufrieden ist mit sich.
Das ist ein großes Übel.
Es zerstört den Menschen.
Es macht dunkel.
Es macht einfach keine Freude.

Zufriedenheit werde ich vermitteln –
und das mache ich auch schon.

Wer will, kann sich von meiner Energie holen –
sie in sich einfließen lassen.

Er kann sich bei mir wie an einer Tankstelle
mit Energie auftanken.
Und muss nicht einmal etwas dafür bezahlen.

Das ist doch mal ein Angebot!

Dritter Kontakt

Ich bin jetzt – ja wie kann man das beschreiben?
Ich bin jetzt so etwas wie ein Mann,
der sich zum ersten Mal als Mann fühlt.

Ja, was ist ein Mann? Das habe ich mich immer gefragt.
Wie muss der Mensch sein, der ein Mann ist?
Was hatte ich da nur immer für Gedanken in meinem Kopf?!

Ich war verdreht.

Ein Mann ist ein Mensch genau so wie alle anderen
Lebewesen. Aber ich habe immer gedacht,
ich bin Mann und damit etwas ganz Besonderes.
Und verächtlich habe ich auf alle geschaut,
die mir nicht das Wasser reichen konnten.

Und ich spüre diese Verächtlichkeit jetzt,
wie sie sich da in mir ausgebreitet hatte,
wie ich mich mit dieser Verächtlichkeit vergiftet habe.

Meine Gedanken waren vergiftet –
und ich habe mir mein Leben damit vergiftet.
Wie mich das jetzt betrübt –
wie habe ich doch andere damit auch verletzt!

Aber mich ja auch, das war nicht heiter.
Das war ätzend, das war verletzend.

Mann und Frau und alles, was da auf der Welt ist –
alles ist göttlich.
Alle haben sie ein gleiches Anrecht auf Leben –
und ein gleiches Anrecht auf Freude im Leben.

Ich habe mir so sehr Schaden zugefügt und meiner Umgebung.
Einfach scheußlich, wie ich das jetzt wieder fühle.
Es ist ja vorbei, aber es wallt immer noch wieder auf.
Da gibt es noch einiges zu bereinigen.
Aber das läuft nebenher.

Es hat keine Auswirkung mehr auf mich, weil ich erkannt habe –
und mich nichts mehr von dem göttlichen Weg abhalten kann.

Ich genieße es so sehr, hier jetzt so zu bewirken,
wie sich mir alles aufgetan hat:
Mit Freude für das Leben,
mit Liebe für die Menschen,
mit Liebe für mich und für meine Musik.
Ja, auch für mich!

Und da umarme ich meine Musik und tanze mit ihr
durch den Himmel.
Aber ich komme schon wieder an bei mir.
Ich erfülle meine Aufgaben.
Ich werde nicht abheben.
Aber Freude gönne ich mir immer wieder.
Immer wieder Freude. Sie ist da!
Ich bin so dankbar!

Und tief verneige ich mich vor allen Menschen,
die mir geholfen haben zu leben,
vor allen Menschen, die meine Musik lieben.

Ich spüre jetzt, wie meine Musik sich emporhebt zu Gott –
und hinunterkommt zu den Menschen.

Das ist eine Musik eingehüllt in Gott.

Und ich stehe da und staune.
Ich bin glücklich.

Und nur ein Mensch, der glücklich ist, kann einem anderen
sagen, was er tun sollte, damit es ihm besser geht.

Alle, die da so „selbstlos" herumirren in der Dunkelheit,
die müssen erst einmal für sich sorgen!
Ja, wenn all diese Menschen sich auf sich besinnen würden,
dann müssten auch die, die sie in ihre Energie
hineingezogen haben, in ihre Dunkelheit,
für sich selbst sorgen –
heraus aus all diesen Abhängigkeiten.

Haltet euch nicht fest an anderen Menschen,
hängt euch nicht hinein in andere Menschen!

Seid ihr selbst!

Jeder Mensch hat alles dafür, was ein Mensch braucht.

Und die Musik kann es ihm leicht machen –
viel leichter, als er es sich eingestehen mag.

Franz Xaver Richter
1709–1789

Ich bin immerfort im musikalischen Schaffen,
im Erschaffen von Vorstellungen bei den Menschen,
die Musik hören.
Es muss nicht meine Musik sein, nein, es geht einfach um Musik.
Und es soll ja auch Musik geben, die die Menschen beruhigt,
ihnen nicht zu sehr das Innerste nach außen kehrt.
Es ist eine Musik in gewisser Weise zum Unterhalten.
Und das macht mir gar nichts, nein!
Ich fühle mich dadurch nicht minder!

Es war meine Aufgabe, diese Musik zu komponieren.
Und sie ist nicht weniger göttlich
als die Musik von den großen Komponisten.

Nun, nicht immer war ich ganz so gelassen,
habe ich mich nicht so geschätzt, wie ich es hätte machen können.
Immer habe ich gedacht, es muss da noch etwas Höheres aus mir
herauskommen. Aber es kam nicht.

Alles war wie es war – und so war es gut.

Niemand hat ein Recht, abfällig auf mich zu schauen oder
zu glauben, ich hätte eigentlich gar nicht komponieren müssen.
Nein! Denn ich habe es gut und richtig gemacht!
Ich bin ein Teil der göttlichen Musik, so wie es von Gott gedacht ist.
Und ich habe mich in meine Rolle gefügt –
und meistens war ich auch mit mir zufrieden.

Ich schwärme manchmal noch von anderen Komponisten.
Ich höre ja auch das eine oder andere.

Ich bin nicht so, dass ich mich nicht umhöre,
damit ich für mich nicht ins Wanken gerate.

Ich gerate nicht ins Wanken!

Da ist in mir eine Sicherheit gewachsen.
Und mit dieser Sicherheit mache ich Menschen Mut,
die komponieren oder Musik darbieten,
sich nicht immer die größten Ziele zu setzen,
nicht zu glauben, sie müssten herausragen.
Dann wirkt das oft verkrampft.
Es kommt nicht wirklich bei den Menschen an.

Aber meine Musik, so wie sie ist, hat einen großen Stellenwert.
Und da höre ich es wieder um mich herum,
auch wenn ich immer noch zu bescheiden bin,
um es auszusprechen:

Deine Musik hat einen großen Stellenwert!

Und das freut mich! Das tut mir gut,
es immer noch wieder zu hören.

Denn das ist schon so, dass ich das Besondere
an meiner Musik auch gesehen haben möchte!
Ich möchte nicht ein Abziehbild gewesen sein –
so wie man mich immer wieder darstellt.
Denn meine Aufgabe war es, meine göttliche Aufgabe,
mit meiner Musik in die Menschheit hineinzuwirken,
so wie ich es gemacht habe. Was will ich mehr?

Und ich sehe Komponisten, die sich unnötig abquälen,
weil sie glauben, das ist alles nichts, was sie da komponieren.
Aber ich bin bei ihnen und ich beruhige sie.

Es gibt gequälte Musik, unter Mühen erschaffene Musik,
Musik, die komponiert wird, um sich selbst zu erschaffen.
Doch die kann man vergessen.

Und es gibt Musik, die nicht in alle Welt hinein berühmt wird.
Aber sie gehört auch zu der göttlichen Musik.

Und damit bin ich zufrieden.

Ich habe meinen Platz in dem göttlichen musikalischen Geschehen.
Und ich bitte alle, mich so zu sehen und nicht die Nase zu rümpfen.
Sie sollen einmal genau hinhören, wenn Musik von mir ertönt,
was es da alles zu entdecken gibt.

Zweiter Kontakt

Ich bin hier gelassen und fröhlich.
Ich habe alles in mir beruhigt.
Ich bin sozusagen ein ausgleichendes Element – auch hier –
für die, die da noch herumirren und an sich zweifeln.
Ich helfe ihnen heraus aus ihrem selbsterschaffenen Jammertal.

Da gibt es so viele!
Sie laufen sozusagen herum mit zerfurchten Gesichtern.
Sie wollen nicht erkennen –
weil sie sich ungerecht behandelt fühlen.

Sie wollten einmalig sein, über allen stehen.

Ach, das ist ein Krebsgeschwür bei den Menschen.
Sie wollen immer etwas anderes.
Sie schauen auf andere,
anstatt ihren eigenen Reichtum zu erkennen.

Jeder Mensch hat genug, bekommt alles mit,
was für sein Leben von Wichtigkeit
und von Bedeutung ist.

Niemand muss sich klein fühlen,
sich schlecht fühlen,
sich unbedeutend fühlen.

Alles nur Unfug, der das Leben zerstört.

Menschen machen sich kaputt –
dabei könnte ihr Leben so schön sein!

Joseph Haydn
1732–1809

Mir ist immer so, als ob ich im Schatten von anderen stehe.
Das gefällt mir nicht, weil es nicht gerecht ist.
Es ist nicht gerecht!
Aber eigentlich macht mir das nichts mehr aus,
wenn ich ganz ehrlich bin.

Ich habe mein Werk vollbracht.
Und ich weiß, ich darf mit mir zufrieden sein.

Lange Zeit konnte ich das nicht. Immer dachte ich,
ich habe in meinem Leben vieles falsch gemacht,
ich war nicht wirklich dran an meiner Musik.
Ich hätte mich aufopfern sollen.
Ja, wirklich aufopfern, bis ich nicht mehr kann,
bis mich meine Musik unter mich begraben und umgebracht hätte.

Warum solche Gedanken, wo sind sie hergekommen?

Jetzt verstehe ich alles. Aber als Mensch Haydn habe ich vieles
nicht verstanden – und nach meinem Tod erst recht nicht.
Mir kam alles so vor, als ob ich mich angestrengt hätte,
als ob ich meinem Leben einen Sinn, einen Inhalt gegeben hätte,
aber ohne, dass es mich innerlich geehrt und tief berührt hätte.

Ja, ich war von meiner Musik nicht berührt.
Könnt ihr euch das vorstellen?
Vor allen Dingen, wie das ist?
Da hörst du deine Musik, aber sie lässt dich kalt.
Sie dringt nicht ein, sie durchfährt dich nicht.
Sie ist dir fremd.

Ja, so möchte ich das ausdrücken. In gewisser Weise bin ich mir
und meiner Musik zu Lebzeiten fremd geblieben.

Jetzt ist das nicht mehr der Fall.
Jetzt bin ich durchflutet von Wärme und Glück.
Und in diese Wärme und das Glück hinein fließt meine Musik.
Ich kann es erspüren, alles, alles, was damit zum Ausdruck
gebracht werden sollte, alles, was wichtig ist.

Meine Musik war wichtig – ja!
Und sie ist auch heute noch wichtig!
Das weiß ich jetzt. Ich bin mit mir zufrieden.
Und da lächle ich vergnügt in mich hinein und freue mich,
dass ich ein Teil werden durfte von der göttlichen Musik.

Ja, auch meine Musik war göttlich!
Spürt nach, spürt nach.
Das Göttliche hat so viele Facetten.
Meine Musik war göttlich –
und sie ist es immer noch.

Und ich wandle durch die Konzertsäle –
und ich freue mich darüber,
dass ich das Göttliche vermehren kann
mit meiner Musik, die aufgeführt wird.
Ja, das kann ich.

Ich kann immer mehr bewusst machen,
was meine Musik bedeutet.

Und ich erinnere mich, wie froh ich war,
als ich es nach meinem Tod erfahren habe.
Und wie froh ich war, als ich es auch glauben konnte.

Nach meinem Tod war ich lange Zeit düster,
in mich zurückgezogen,

enttäuscht,
unzufrieden mit mir.

Aber dann gab es so etwas wie eine Erleuchtung.
Mit einem Mal stand ich da –
und ich stand vor meinem Herrgott!
Ja, das stimmt, niemand soll darüber lästern.
Ich stand vor meinem Herrgott,
der uns allen gehört.
Aber in dem Moment war er mein Herrgott.
Und er hat mich angelächelt –
und emporgehoben.
Da wusste ich, es gibt keinen Grund,
mich klein zu machen.

Die Schwankungen blieben nicht aus, aber sie wurden
immer weniger. Und immer wieder hat mein Herrgott
mich hochgehoben, damit ich es nicht vergesse.
Denn der Wert meiner Musik, er sollte nicht vergehen.
Gott wollte nicht, dass meine Musik verblasst.

Von da an habe ich mit Ehrfurcht auf meine Musik geschaut.
Ja, mit Dankbarkeit und auch mit Ehrfurcht,
dass mir das alles gelungen ist.
Und mit Dankbarkeit und Ehrfurcht für die Hilfe,
die ich immer hatte.

Ohne göttliche Hilfe kann kein Komponist göttliche Musik
komponieren.

Das geht gar nicht!

Das war mir auch schon zu Lebzeiten bewusst.
Aber immer hatte ich befürchtet,
dass mir die Liebe Gottes nicht zusteht.
Ich hatte es nicht verdient.

Der kleine Junge in mir war doch so traurig.
Das war alles so schwer.
Und schwer hatte ich an meiner Kindheit zu tragen.

Aber alles unnötig. Ich nehme alles so hin wie es war.
Ich erkenne, aber es tut mir nicht mehr weh.
Ich habe zu dem gefunden, was meine Aufgabe ist.
Ich habe mich meiner Aufgabe gestellt.
Und das mache ich auch jetzt.

Ich halte meinen Namen in Ehren.
Und wunderschön ist es, meine Musik zu hören,
wenn sie mit Gott in Verbindung ist.
Ich kann da mitwirken, nicht überall, nein.
Es muss die Chemie stimmen.

Ich kann lachen!

Es ist so viel schöne Musik in der Welt.
Da singt es und klingt es!
Aber sie ist noch nicht angekommen
in den Herzen der Menschen.

Die Musik, sie muss noch ankommen.
Und alle, die sich damit auskennen,
die es spüren –
sie werden die Musik weitertragen.

Ja, die Musik, sie darf mächtig sein!
Sie darf Macht haben über die Menschen!
Sie trägt ihnen ihre unangemessenen Gedanken
und Vorstellungen davon – wenn, ja, wenn die
notwendige Bescheidenheit mit im Spiel ist.

Nun, da gibt es allerhand zu beobachten,
was mir gar nicht gefällt.

Es ist so laut überall, so schrill.
Es ist so heftig und so hektisch.
Nehmt das alles heraus aus der Musik –
und dann lasst sie wirken.

Musik ist eine besondere Medizin!

Aber man darf sie nicht verfälschen –
Substanzen hineingeben, die die Medizin verderben.
Verdorbene Medizin gibt es genug,
die Menschen haben darunter zu leiden.

Aber die Medizin „Musik" bleibt immer wieder
in ihrer Reinheit bestehen.
Niemand kann diese Medizin ganz und gar zerstören.
Sie wird immer die Überhand bekommen –
ja, die Überhand über alles Dunkle in der Welt.

Die Musik kann ein wichtiger Mittler sein zwischen Teufel und Gott.
Der Mensch kann in der göttlichen Musik erkennen, dass es einen
Teufel nicht gibt, dass er ihn sich selbst zusammenstellt.
Die Musik kann diese Vorstellungen durchbrechen, einfach so.
Und dann ist da Klarheit für den Menschen.
Er erkennt sich in seinen fehlgeleiteten Vorstellungen von Gott,
von der Liebe und vom Teufel.
Er kann sich erkennen!

Und alle Engel stimmen mit ein –
weil die Musik einfach so schön ist!

Zweiter Kontakt

Nun, ich habe schon einiges gefunden,
worauf ich mein Hauptaugenmerk richten werde.
Aber ich bin noch dabei, alles zu ordnen,

für mich in eine gewisse Ordnung zu bringen.
Denn ich will nicht in die Bereiche eines Kollegen hineinfunken.

Jeder bekommt hier seine Aufgabe -
Konkurrenz kann es da nicht geben,
soll es auch nicht geben.
Und wir, die wir erkannt haben, passen da gut auf.
Es gibt sie schon noch diese Störenfriede, auch hier bei uns.
Nicht alle laufen hier geläutert herum.

Aber der Kern der Weisen, so möchte ich uns nennen,
er ist schon stark genug.
Die, die da stören wollen, fallen einfach weg.
Sie haben keinen schädigenden Einfluss.

Und so sollte es auch bei euch Menschen sein.
Wenn die Menschen, die schon erkennen,
verändert handeln und in der Mehrzahl sind,
dann fallen die anderen einfach unten durch,
so möchte ich das nennen.
Auch wenn das so natürlich nicht stimmt.
Das klingt so, als ob Gott sie ausscheiden würde.

Nein, niemand ist hier verloren.

Aber niemand kann einer friedlichen Macht,
einer Macht, die aufbauend und helfend eingreifen möchte,
so wie es einen Sinn ergibt, Schaden zufügen,
wenn die friedlichen Menschen in der Überzahl sind.

Drum erkennt, wer euch schadet und geht in Distanz!
Noch sind es die Störsender, die da bei euch Menschen
herumfunken. Sie schicken ihre Meldungen heraus.
Aber ihr solltet da genau hinhören, eure Ohren öffnen
und euch Gedanken machen über das, was da gesagt wird!

Oh, es wird soviel Unfug geredet, soviel grausamer Unfug.
Und ihr begehrt nicht auf.

Da möchte ich dazwischenfahren!

Aber ich weiß, ich habe hier ja eine Aufgabe für das,
was sich verändern wird.
Ich werde dazwischenfunken mit meiner Musik.

Ich werde ein Störsender Gottes sein.

Ich muss da nur Geduld haben.

Und da freut es mich zu wissen,
dass auch die Menschen auf der Erde
nicht verloren sein werden.

Wolfgang Amadeus Mozart

1756–1791

Ich komme gar nicht mehr nach mit meinen vielen Bemühungen.
Überall spielt man meine Musik und glaubt, mir nahe zu sein,
mich erfasst zu haben, an mich herangekommen zu sein.

Und ich denke mir, das ist ja alles schon ganz schön,
was ihr da macht.
Aber es gibt noch etwas ganz anderes, etwas,
was sich viele Menschen noch gar nicht vorstellen können,
das, was den wahren Mozart wirklich ausmacht.

Dahinter schauen können erst nur sehr wenige.
Das ist dann wie ein Leuchten, das seine Spuren hinterlassen kann.
Ein Leuchten, das nicht schnell wieder erlischt, sondern
zu einer kleinen Flamme wird, zu einem Glücksgefühl.
Zu einer Eroberung sozusagen,
einer Eroberung der menschlichen Gefühle,
die bisher verschollen waren.
Sie waren den Menschen nicht mehr bewusst –
sie hatten sie in der Kindheit verloren.

Ich helfe den Menschen, einen Bezug zu sich zu finden.
Ich kann da etwas hineingeben.
Ich kann dazu beitragen, dass Menschen sich finden.
Aber dazu bedarf es einer freien Atmosphäre,
dazu bedarf es einer ungekünstelten Atmosphäre,
dazu bedarf es einer gewissen Form von Leichtigkeit und Andacht.

Ein äußerlicher Rahmen, der nicht wirklich ein Begehr hat,
sich der Musik zu öffnen, der wird nicht viel bewegen.

Aber es ist in Bewegung!

Ich sehe viele Menschen, die sich mehr und mehr öffnen.
Die unterscheiden, die erkennen, wo die wahren Künstler sind,
die wahren Vertreter meiner Musik.
Ja, sie vertreten mich.

Doch manchmal denke ich mir, was hat da nur alles so seinen Platz
gefunden mit meiner Musik! Ja, es ist meine Musik!

Aber glaubt nicht, dass ich sie für mich festhalten möchte.
Ich möchte sie nur erklingen lassen,
wirklich erklingen lassen.
Ja, es soll *in den Menschen* klingen!

Ich bin bereit, ich stehe zur Verfügung.
Ich bin hier nicht zurückgezogen.
Ich wirke ein, ich kann es.
Ich finde die richtigen Menschen.

Und ich hoffe, dass sich immer mehr auftun werden
für die wahre Freude an der Musik,
für den göttlichen Geist, der aus der Musik heraus wirkt
und den Menschen etwas gibt, das nicht gleich nach
dem Konzert wieder verloren ist.

Da klatschen sie und zerstören.
Da wird hinterher gegessen und getrunken,
anstatt erst einmal innezuhalten!
Ja, eine Weile innezuhalten, damit Einzug nehmen kann,
was sich da aufgetan hat – Einzug nehmen kann
in das Innere des Menschen.

Das ist leise, nicht laut.

Das Laute hat auch seinen Platz bei den Menschen.
Aber es ist nicht das,
was meine Musik zum Ausdruck bringen will.

Manchmal staune ich über die Begeisterung für mich,
über alles, was da geschrieben wird,
über alles, was da veranstaltet wird.
Es ist so viel und manchmal doch so wenig.

Der äußere Schein –
er hat die Menschen noch in der Gewalt.

Aber ich bin nicht deprimiert deswegen.
Nein, das kenne ich nicht.
Ich bin immerzu am Wirken und am Bewirken.

Und ich weiß, es werden mehr und mehr werden,
die erwachen und meine Musik zu dem machen,
was sie jetzt sein soll: Eine wahrhafte Bereicherung
für die Menschen, die meine Musik hören wollen.

Wenn ich mich manchmal zurückerinnere an
den komponierenden Mozart, dann wird mir so,
als ob ich von neuem dieses Wunder spüre.
Dieses Wunder, das sich in mir da aufgetan hatte.
Ja, da war in mir etwas in einer großen Vollkommenheit.

Der Mensch Mozart, nun, der war das nicht.
Aber das Wunder der Musik,
wie es da aus mir herausgeschrieben worden ist,
das war ein großes Glück für mich.
Und all das schwingt noch mit in meiner Musik.

Sie soll den Menschen Glück bringen, ja!

Glück spüren – Glück fühlen – Glück annehmen – Glück halten –
und dann herausgeben.

Der Mozart und das Glück – sie gehören zusammen.

Wenn ihr an mich denkt, seht mich nur so!
Alles andere lasst weg. Es ist vergangen.
Da ist nichts mehr von Bedeutung.
Jetzt zählt nur noch das Ergebnis.

Und damit seid zufrieden – ich kenne nichts anderes mehr.

Zweiter Kontakt

Manchmal ist mir auch wieder mal so, als ob ich verzweifeln müsste
an dem, was ich da alles wahrnehme.
Ja, es ist nicht so leicht, immer wieder alles zu sehen,
was da von den Menschen ausgeht.

Wann hört das auf?!

Ich möchte dann hinunter auf die Erde
und allen Menschen in die Augen schauen.
Damit sie sich in ihrem wahren Selbst erkennen,
damit sie die Liebe in meinen Augen,
die Liebe Gottes aus meinen Augen heraus sehen können.

Aber so wendet sich mir niemand zu.

Versucht es mal, habt keine Angst!

Aber da ist noch soviel Misstrauen bei den Menschen.
Und dieses Misstrauen ist es, das zerstört.

Die Musik lindert Misstrauen.
Die Musik ist die beste Medizin gegen Misstrauen.
Die Musik kann Misstrauen wegspülen.
Wohl dem Menschen, der nicht den Drang hat,
es wieder zu sich zurückzuholen.

Da ist ein eifriges Bemühen nach dem Dunklen,
so als ob man dafür eine Eins bei Gott bekommen würde.
Jeder möchte der größte Teufel sein
und meint, er sei stärker als Gott.

Meine Musik lässt Teufel dahinschmelzen – und wie!

Lacht über den Teufel in euch!
Er ist eine schlechte Erfindung.
Er schmeckt nicht gut.
Er lässt nichts Gutes zu.

Der Gott in der Musik vertreibt den Teufel – Hallelujah!

Ludwig van Beethoven
1770–1827

Ich weiß, dass ich und meine Musik etwas ganz Besonderes sind.
Und das macht mich auch froh.
Denn das wollte ich ja auch.
Es sollte doch nicht umsonst gewesen sein.

Aber ich konnte ja nicht ahnen,
wie das mit meiner Musik weitergeht,
ob nach meinem Tod da noch etwas sein wird?
Ich hatte immer so schreckliche Angst,
alles zerfällt dann wie Nebelschwaden, die sich auflösen.
Und nichts ist dann mehr da.

Alles umsonst!

Alle Mühe umsonst, alles umsonst!
Ich hätte besser nicht geboren sein sollen!

Wenn die Menschen wüssten,
was da so in meinem Kopf vor sich gegangen ist!
Ich hatte genug damit zu tun.
Und dass dann doch noch Platz war für meine Musik,
darüber staune ich jetzt noch.
Da blicke ich stolz auf mich.
Ja, mit einem guten Stolz auf mich,
weil ich nie aufgegeben habe.
Ich bin mir treu geblieben.
Ja, was meine Musik betrifft, da bin ich mir treu geblieben.

Die Musik war immer mein Leitfaden,
auch wenn er manchmal zu zerreißen drohte.
Oh, wie hatte ich davor Angst!

Ich habe es ja gefühlt manchmal –
dann ist die Verbindung gerissen.
Dann war ich nichts mehr als ein einsamer, verlassener,
den wilden Tieren zum Fraß vorgeworfener Mensch.
Das war ein schreckliches Bild!

Ich wollte dieser Vorstellung entkommen,
aber sie hatte mich immer wieder in der Gewalt.
Diese Gewalt, sie hat mich vernichtet –
aber nicht meine Musik!

Und da bin ich wieder glücklich über mich,
weil ich mich überwunden hatte.
Ich hatte mich nicht ganz aufgegeben.
Ich habe immer wieder aufgeblickt zu Gott.
Ja, auch in meiner größten Verzweiflung
habe ich den Kontakt zu Gott gehalten.

Ich wusste, ich war nicht würdig, sein Sohn zu sein.
Ich war überhaupt nicht würdig. Aber ich dachte immer,
ein klein wenig Liebe bleibt für mich noch übrig.

Und ich hatte Recht. Es war so!

In meiner größten Not habe ich immer die Liebe Gottes gespürt.
Heute weiß ich, dass sie voll und ganz für mich da war.
Aber ich habe nur ein klein wenig für mich
annehmen dürfen in meiner Vorstellung.
Ich hatte mir mein Leben viel zu schwer gemacht.

Die Verzweiflung war oft so vollkommen,
dass sie nicht hätte schlimmer sein können.
Ich wollte am liebsten mit dem Kopf durch die Wand –
und dann ist alles aus. Nichts mehr hören,
nichts mehr sehen, einfach weg sein.
Wozu auf der Welt sein, wenn sowieso alles wieder vergeht?

Wenn ich vergehe und mit mir meine Musik?!
Das waren schreckliche Zweifel, die an mir genagt haben.

Aber ich habe nicht aufgegeben!
Mir war es dann egal, ob die Musik bleibt oder vergeht.
ICH habe sie komponiert!
ICH habe sie in die Welt gesetzt! ICH! ICH!

Und da muss ich ein wenig schmunzeln:
der größte Komponist aller Zeiten wollte ich sein!
Ja, das hatte ich in meiner Vorstellung.
Und da ist es kein Wunder, wie ich dann immer wieder
scheitern musste. Dann kam der Abgrund,
in dem alles verschwinden würde.

Mal so und dann wieder so, und dann nur noch so.
Ach, elendiges Leben!
Und alles, weil ich mich immer wieder verlaufen hatte.
Ich habe keinen geordneten Weg gehen können.
Es war mir nicht vergönnt. Ja, so ist das!
Und das sage ich ohne Selbstmitleid.

Ich konnte nicht erkennen, warum ich oft so hinterher war,
möglichst der Beste zu sein.
Und das in einer solchen Mächtigkeit, dass es mir fast den
Atem zum Leben genommen hat.
Ja, manchmal dachte ich, ich ersticke.
Dann kam ich aber immer wieder langsam zu mir.
Und dann musste das Leben ja weitergehen.
Ich wollte es ja auch!
Ich wollte doch nicht vergehen –
und mit mir meine Musik!

Es ist grausam, was für dumme Gedanken sich da in den Menschen
immer anhäufen. Völlig unnötig, lasst das doch endlich!
Ihr könnt doch erkennen! Zu meiner Zeit war das nicht so leicht.

Ich weiß, dass ich nicht gewusst hätte, wer mir helfen kann,
wer mir beistehen kann in der Weise,
dass ich klarer im Kopf geworden wäre.

Ich musste es alleine schaffen.
Und ich wollte es auch alleine schaffen!
Ich wollte mir nichts wegnehmen lassen von mir.
Da war immer eine so große Angst in mir,
man nimmt weg von mir. Und dann habe ich
nicht mehr genug, um zu komponieren.
Oder ein anderer komponiert meine Musik.

Meine Musik war mir wichtig!

Und ich werde jetzt andächtig und freudig.
Ja, beides zusammen, damit es nicht unangenehm wird.
Andächtigkeit kann sehr unangenehm sein,
wenn sie nur scheinheilig ist.
Andächtigkeit mit Fröhlichkeit ist nicht scheinheilig.

Ich erkenne das jetzt sehr gut bei allen Menschen.
Mir kann niemand mehr etwas vormachen.
Ich erkenne auch, ob jemand wirklich etwas von meiner Musik hat,
oder ob er nur angibt mit seinem Musikverständnis.

Schrecklich sind diese Angeber! Sie sollten sich mal sehen,
wenn sie da so stehen und den anderen berichten
von ihren unglaublichen Erlebnissen beim Hören meiner Musik.
Dabei haben sie überhaupt nichts in sich aufgenommen.
Alles ist nur an ihnen vorbeigeflogen.

Aber es gibt ja auch die Menschen, die mich tief erfühlen können,
die ich erreichen kann mit meiner Musik.
Und das tut mir gut. Ja, ich gebe zu, dass es mich freut.
Denn es ist ja meine Aufgabe,
Menschen mit meiner Musik zu erreichen.

Da darf ich mich freuen.
Nichts ist unangemessen.

Ich darf mich freuen!

Ja, ich kann mich jetzt auch freuen.
Schon lange kann ich das.
Nichts ist mehr übrig von meinem dunklen Wesen, nichts.
Ich bin heiter und leicht und fröhlich.
Und ich sende meine Entspanntheit hinein in meine Musik.
Ja nicht verkrampfen! Das ist es nicht, was wichtig ist.
Aber Entspannung, angemessen, nichts hineinpressen wollen.
Und dann stimmt es.

Ich erfreue mich an einer gut erbrachten Darbietung.
Da erfreue ich mich und ich applaudiere den Künstlern.
Ja, ich applaudiere!

Aber es ist kein lautes Geschrei oder Geklatsche,
sondern ich dringe in sie ein, ganz sanft
und streichle sie voller Dankbarkeit.
Und ich sage ihnen, dass sie zufrieden sein können mit sich –
sie haben ihre Sache gut gemacht –
Beethoven ist zufrieden mit dir.
Und dann sehe ich ein leichtes Lächeln auf den Lippen
des Musikers. Und ich weiß, sein Abend ist gerettet.

Ja, die Menschen brauchen Unterstützung für ihr Leben.
Und auch wenn durch meine Musik kein neuer Mensch entsteht,
und auch wenn ich in vielen Fällen mit meiner Musik
keine Stütze sein kann, weil der Mensch es nicht zulässt,
so freue ich mich über alles, was da schon geschehen ist.
Und was da noch geschehen wird.

Ja, der Beethoven und seine Musik.
Ihr werdet mich schon noch zu spüren bekommen.

Achtet darauf, wenn ihr das nächste Mal meine Musik hört.
Achtet genau darauf, was ihr hört, wie ihr es hört.
Berührt es euch oder lässt es auch kalt?

Nun, ihr werdet die Interpretationen finden, die euch gut tun,
wenn ihr jetzt ganz aufmerksam hört, was euch dargeboten wird.

Gott ist zufrieden mit meiner Musik!
Oh, wie war ich erleichtert, als er mir das gesagt hat und
dass er meine Musik liebt.
Meine Musik hat in den Augen Gottes einen Wert!

Da habe ich durchatmen können.
Da ist es mir gleich besser gegangen.
Meine Musik ohne Gottes Liebe –
die hätte ich nicht wertschätzen können.

Aber immer wieder war ich mir unsicher,
ob Gott meine Musik gutheißen würde.
Ob ich nicht dann dastehe mit hochrotem Kopf,
weil er mich getadelt hat,
weil ich nicht aufgepasst hatte,
weil ich etwas anderes hätte komponieren sollen.

Ich wusste zu Lebzeiten nicht, wo ich stand.
Aber nach meinem Tod hat sich alles so wunderbar eröffnet,
kam ich in Einklang mit meiner Musik,
habe ich mich vor meiner Musik verneigt,
konnte ich ihre Größe erkennen und annehmen.

Das hat mich durchdrungen –
machtvoll und emporhebend.
Ich hatte mich von Gott hochgehoben gefühlt.
Mehr wollte ich nicht für mich.
Mehr brauchte ich nicht für mich.
Das war das Höchste für mich.

Und Lebendigkeit durchströmte mich –
die Gewissheit, von Gott anerkannt zu sein.
Nichts Schöneres konnte ich mir vorstellen.
Ich war im Einklang mit mir.

Und ich schaue auf die Menschen und sie sollen es wissen:
der Beethoven ist im Einklang mit Gott.
Und die göttliche Liebe, sie fließt in die Menschen,
die meine Musik wirklich hören wollen,
die sich Mühe geben –
auch wenn es ihnen noch nicht gleich gelingt.

Franz Schubert
1797–1828

Ich habe ein großes Anliegen.
Und ich bitte Sie, es den Menschen mitzuteilen,
die meine Musik spielen und hören.
Sie sollen genau hinhören, ganz genau hinhören.
Da sind viele Töne, die den meisten entgehen.
Sie können nicht alles aufnehmen.
Und dann fehlt ihnen etwas.

Das tut mir immer weh.
Meine Musik hat doch eine Bedeutung, ja, eine besondere
Bedeutung für jeden einzelnen Menschen!
Wenn er ganz genau hinhört,
wenn er sich einlässt auf meine Musik,
ohne an andere Musik zu denken, ohne zu vergleichen,
sondern einfach meine Musik so aufnimmt,
wie ich sie gedacht habe.

Ja, das war immer ein innerer Prozess, von dem aus
ich in meine Musik sozusagen hineingetrieben worden bin.
Das war ich und auch wieder nicht ich.
Das war ich zusammen mit einer anderen Macht,
einer größeren Macht. Einer viel größeren Macht,
als sich die Menschen das vorstellen können.
Aber sie wollen diese Macht nicht anerkennen,
weil sie Angst haben vor ihr. Sie haben Angst,
weil sie keine Macht akzeptieren wollen, die größer ist als sie.

Wir müssen uns alle unterordnen dieser großen Macht, dem *Gott*.
Wir müssen das alle, weil es gar keine andere Möglichkeit gibt.
Und wenn alle Menschen gemeinsam ans Werk gehen würden,
sie könnten diesen Gott nicht bezwingen.

Er ist groß und stark.
Und er ist mächtig.

Aber voller Liebe und Güte.
Voller Zuwendung zu den Menschen,
voller Bereitschaft,
den Menschen zu geben, was sie brauchen.

Doch die Menschen, sie sind nicht bereit.
Sie arbeiten nicht mit Gott zusammen.
Sie wenden sich ab von Gott.

Ich helfe, das Göttliche in den Menschen zu bewegen
mit meiner Musik.

Ja, hört auf das, was ich sage:
das *Göttliche* im Menschen!
Und alle werden sagen: Na, der hatte
doch gar nichts Göttliches an sich –
so wie er gelebt und gelitten hat!

Ich hätte nicht leiden müssen, nein!
Das Göttliche war mir so nah.
Aber ich habe das Drama geliebt.
Irgendwie wollte ich es.
Ich habe mich hineingehängt.

Aber meine Musik, sie war davon nicht negativ berührt, nein!
Sie war göttlich und sie ist göttlich.
Und alle, die sie spielen, sollen den Gott in der Musik spüren.
Ja, darauf kommt es an, ganz allein darauf:
den *Gott* in meiner Musik zu spüren.

Und jeder, der meine Musik spielen möchte
und Gott in ihr finden möchte, dem stehe ich bei.
Ja, ich bin dann an seiner Seite.

Wenn du von mir weißt, wenn du aufnimmst, was ich sage,
wenn du es nutzt – und wenn du dann an meine Musik herangehst
mit offenem Herzen, dann wirst du staunen, was geschieht.
Und die Menschen, die dich hören, sie werden dir danken.

Ja, da wird ein großes Staunen sein,
weil sich in den Menschen etwas auftut,
was sie so in dieser Form noch nicht erlebt haben.

Musik ist ein einzigartiges Gebilde,
das zart und mächtig zugleich ist.
Diese Tönungen hervorzubringen in ihrer göttlichen Bedeutung –
darauf kommt es an.

Der Gott in der Musik ist der Funke, der überspringt –
und das Herz erwärmt.

Robert Schumann
1810–1856

Wenn ich mich zurückerinnere, dann tut mir alles weh.
Ja, da gab es nur Wehtun in mir mein ganzes Leben hindurch.
Und das war grausam!

Aber die Erinnerung, sie ist verschwunden mehr und mehr.
Und nichts ist mehr in mir in der Weise schmerzend,
wie es mich noch lange nach meinem Tod verfolgt hat.

Die Schmerzen, die Not, die grausame Not,
sie hatten mich verfolgt.
Ich war wie gejagt von dem Schrecklichsten,
was ein Mensch sich vorstellen kann.
Das war grausam!

Ich konnte es nicht verstehen.
Ich wollte es auch nicht verstehen.
Ich hatte Angst, dann zu glauben,
dass ich von Gott verstoßen worden bin.
Und diese Vorstellung war so schlimm für mich,
dass ich mich zu Tode gestürzt hätte.

Ich bin ein verzweifelter Mensch gewesen.
Und das macht mich immer noch wieder traurig.
Was hätte sich alles für mich ergeben können!
Aber ich bin da nicht herausgekommen.
Ich wusste nicht wie.
Ich hatte nur meine Musik.

Ja, meine Musik! Und ich spreche das Wort voller Liebe
und Andächtigkeit aus – die Musik.

Und ich fühle, wie Gnade in mich hineingeströmt ist
mehr und mehr, denn ich und meine Musik,
sie waren etwas Vollkommenes,
etwas, was es nicht so oft gibt in dieser Form.

Ja, da habe ich gefühlt,
dass Gott mich nicht verstoßen hatte,
sondern dass Gott mich immer geliebt hat.

Gott hat mich geliebt.

Und Wärme durchströmt mich
und Glück und Leichtigkeit.
Und meine Liebe für die Musik.

Und jetzt auch meine Liebe für die Menschen -
da fühle ich mich vollkommen.
Da kann ich bewirken.
Da bin ich nicht nur auf mich zentriert.
Nun, das ist lange vorbei.

Ich wirke mit meiner Liebe und mit meiner Musik.
Und ich wünsche mir, dass die Menschen verstehen,
was die Musik im Zusammenhang mit Gott bedeutet für sie.

Sie trennen das viel zu oft.
Sie denken zu viel an das, was in meinem Leben war,
was sie erfahren haben.
Aber nein, das ist lange vorbei!

Nehmt nur meine Musik!
Und dann spürt meine Liebe in dieser Musik
in Verbindung zu der Liebe Gottes für die Menschen.

Das macht mich glücklich.
Und dieses Glück, ich möchte, dass die es spüren,

die meine Musik spielen –
und die, die meine Musik hören.

Und dankbar stehe ich da,
dankbar Gott gegenüber.
Gott hat mich nicht verstoßen.
Er hat mich immer geliebt.

Zweiter Kontakt

Ich habe noch viel zu sagen, noch so viel zu sagen.
Manchmal ist mir, als ob mein Herz überquillt vor Freude,
wie sich alles für mich so heiter aufgelöst hat. Heiter!

„Heiter" ist ein wunderbares Wort.
Es macht alles leicht, aber verliert nicht die Ernsthaftigkeit.
Versteht ihr, wie ich das meine?
Heiterkeit, echte Heiterkeit kennt keine Verurteilung.
Sie legt alles, was man macht, in eine gewisse Leichtigkeit,
die den Menschen trägt – auch durch schwere Zeiten.

Heiterkeit – und da lächle ich.

Und Heiterkeit verströme ich für alle,
die ernsthaft sich überlegen, was für sie wichtig ist,
was sie in ihrem Leben ändern müssen –
damit es nicht soviel Mühe macht.

Mein Leben war ein Leben mit Mühe.
Mühe hatte eine eiserne tödliche Faust auf mich gelegt
und mich unter sich drücken wollen.
Aber das ist es nicht,
was wir Menschen zulassen sollten.
Es soll alles leichter gehen.
Und es geht auch leichter, glaubt mir!

Wenn jemand das sagen kann, dann ich.
Denn ich habe die Dunkelheit sozusagen erforscht,
die Schwere erforscht, so als wäre ich süchtig danach,
so als ob ich leiden müsste –
damit ich einen Wert habe vor Gott.

Nein, das ist es nicht, was den Menschen ausmacht,
glaubt mir bitte!

Und Heiterkeit strahle ich aus – wie ein Stern am Firmament,
der blinkt und leuchtet und Hoffnung verströmt.

So viele Menschen brauchen Hoffnung.
Ich verströme – ich verschenke Hoffnung.

Giuseppe Verdi
1813–1901

Nun, niemand muss sich vor mir fürchten.
Ich bin kein Furcht erregender Mensch. Das war ich nie.
Ich war eher sanft, so möchte ich mich nennen.

Ich wollte eigentlich als normaler Mensch gar nicht da sein.
Mich hat nur der Komponist interessiert. Das war ich!
Alles andere war mir Nebensache,
auch wenn es einen anderen Anschein hätte haben können.

Ich wollte Musik komponieren für die große Bühne.
Das war mir am Wichtigsten.
Ich wollte die Menschen berühren, sie tief berühren.
Sie sollten mir danken!
Und sie sollten auf dem Boden vor mir knien
und mir die Füße küssen.

Und jetzt muss ich lachen!

Das hatte ich mir immer gedacht.
Und ich muss sagen, meine Musik war das auch wert!
Die Menschen haben zu achten, was da geschieht,
denn es ist nicht so selbstverständlich.
Es gehört auch ein sterbliches Sehnen dazu,
diese Musik zu komponieren.
Ja, ein Sehnen nach dem Tod.
Dieses Gefühl hatte ich immer an meiner Seite.
Ich konnte es nicht verlieren.

Aber da war die Musik -
und ich habe dieses Gefühl hinein gegeben in meine Musik.
MEINE Musik!

Und da möchte ich sie ganz fest halten.
Es war MEINE Musik!

Ich habe genug gelitten!

Und niemand soll sagen, dass das Musik von
dem großen Gott da ist.
Nein, nein und nochmals nein! Da kann ich richtig böse werden.
Was bleibt denn dann noch von meinem Ruhm?
Dann steht überall auf meinen Werken:
Musik von *Gott* – Herausgegeben von Giuseppe Verdi.

Nein, so will ich das nicht sehen!
Und so kann es auch nicht sein!
Es ist mein Werk!
Und zum ersten Mal spüre ich es auch,
dass ich es als mein Werk bezeichnen darf
und niemand anderes ein Anrecht darauf ausspricht.
Es nimmt mir niemand meine Musik weg.
Es ist und bleibt meine Musik!

Aber: Und jetzt kommt das, was ich nicht so recht begreifen kann.
Es ist meine Musik, aber sie kommt aus dem Göttlichen?
Dem Göttlichen in mir? Meiner Göttlichkeit?
Und da bin ich gleich ganz andächtig.
Ja, da muss schon etwas Besonderes mit mir gewesen sein,
dass ich solche Musik komponieren konnte.
Und ich bin ja auch jetzt noch erfüllt von Glück, wenn ich sie höre.
Es gibt wunderbare Aufführungen und wunderbare Sänger.
Da kann ich mich immer wieder erfreuen.
Das ist für mich eine Freude ohne Ende.

Die Todessehnsucht hat mich inzwischen verlassen.
Ich spüre sie nicht mehr, deshalb diese Freude.
Zu Lebzeiten hatte ich immer Angst, dass ich meine Musik,
die ich gerade komponierte, vielleicht gar nicht mehr hören würde,

dass ich dann nicht mehr leben würde.
Und so habe ich mich manchmal sehr beeilt,
mir keine Ruhe gegönnt.
Ich wollte doch meine Musik hören!
Das hatte ich doch verdient!

Und immer noch ist mir, als möchte ich neue Musik komponieren.
Aber ich habe das Gefühl, sie würde heute ganz anders klingen.
Ohne meine Todessehnsucht? Was würde ich da komponieren?

Ich bin ein wenig durcheinander, auch unschlüssig.
Soll ich überhaupt darüber nachdenken?
Soll ich mich damit überhaupt auseinandersetzen?
Soll ich nicht lieber alles so lassen wie es ist?

Meine Musik und meine Todessehnsucht – sie gehören zusammen.
Und so soll es bleiben!

Aber gleichzeitig spüre ich, dass Aufbruch angesagt ist,
auch für mich.
Aber wozu? Ich habe doch alles, was ich brauche.
Warum soll ich etwas verändern.
Die Menschen lieben mich, und das soll so bleiben.
Ich habe ihnen soviel gegeben.
Es wird mir immer gut gehen mit dieser Bewunderung, immer!

Und das ist gut so!

Denn zu Lebzeiten hatte ich schreckliche Angst,
was nach dem Tod mit mir geschehen würde.
Oh, wie habe ich mich gefürchtet.
Ich dachte, ich höre dann keine Musik mehr.
Ich dachte, dass dann auch die Musik tot ist.
Stellen Sie sich das vor. Da ist einfach keine Musik.
Ich konnte mir nicht vorstellen, wie das ist.
Diese Vorstellung war für mich das totale Grauen.

Aber so ist es ja nicht, es geht gar nicht.
Die Musik, sie ist da!

Und jetzt höre ich nicht nur meine Musik,
sondern es klingt von allen Seiten.
Es ist ein Durcheinander, aber es ist ein Wohlklang.
Es klingt wunderbar. Und ich reihe mich einfach ein.
Ich möchte nicht mehr so alleine dastehen mit meiner Musik.
Ich möchte mich einreihen.

Und da möchte ich allen Menschen sagen:
Hört auf die Musik, wie sie da zu euch hinunterklingt.
Sie birgt viel mehr in sich, als ich es euch bieten konnte.

Aber ich weiß, dass ich meine Musik deswegen nicht gering
schätzen muss. Nein, das ist es nicht. Erleichtert bin ich!
Ich habe etwas entdeckt. Und ich gebe es nicht her.

Sagen Sie allen Menschen, die meine Musik schätzen und lieben,
dass ich ihnen danke dafür, dass sie mir damit sehr gut getan haben.

Ja, ich möchte den Menschen danken!

Ich möchte ihnen danken für all die Aufführungen,
für all die Mühen.

Aber manchmal finde ich, ist da auch zu viel Mühe,
viel zu viel Aufgemachtes, zu viel Drumherum.
Ja, fast möchte ich sagen, befreit alles von unnötigem Tand!
Und gebt der Musik mehr Raum!

Sie ist manchmal so eingeengt in dem,
was aus ihr gemacht wird.

Und wieder spüre ich meine Todessehnsucht.
Das ist gar kein schönes Gefühl.

Ich will es nicht mehr dieses Gefühl!
Denn die Angst vor dem, was da auf mich zukommen würde,
die Angst davor, dass da keine Musik mehr ist –
und ich meine damit nicht nur meine komponierte Musik,
sondern überhaupt kein Ton mehr –
sie hat mich grausam gequält.

Ich habe alles auf meine Weise bändigen können.
Aber schwer lastete diese Angst auf mir.

Jetzt bin ich frei!

Ich habe keine Angst mehr, weil ich eingebettet bin
in die göttliche Musik. Und da ist es mir egal, ob es
„Musik von Gott – Herausgegeben von Verdi" ist.
Im Moment ist mir das erst einmal egal.

Ich will mich erst einmal ausruhen, alles nachwirken lassen.
Und dann, dann will ich schauen,
was ich mit meinem Reichtum noch anfange.

Denn das spüre ich jetzt deutlich:
Ich habe einen großen Reichtum in mir getragen.
Und ich konnte ihn zu den Menschen bringen.
Erleichtert bin ich, erleichtert und froh.

Zweiter Kontakt

*Sie sagen, nur das Komponieren hatte Sie interessiert, ein anderer Verdi
war da gar nicht. Aber Sie haben sich politisch betätigt, haben sich auf
ein Gut zurückgezogen, wollten eigentlich gar nicht mehr komponieren. Wie passt das zusammen?*

Nun, alles hat immer zwei Seiten.
Ich dachte, wenn ich nicht so viel komponiere,

dann werden meine Werke die Menschen mehr anziehen.
Man wird sich mehr auf mich konzentrieren.
Ich hatte doch immer diese große Angst,
dass ich nichts mehr habe von meinen Opern,
dass ich bald sterben würde.
Da wollte ich mich ausruhen und alles in Ruhe genießen können.
Ach, ich war so verworren!
Aber die Musik stand immer an erster Stelle.
Alles andere waren nur Ausflüchte meiner großen Ängste.

Nehmt nicht alles für bare Münze! Da wird soviel geschrieben.
Aber im Grunde genommen weiß doch niemand,
was wirklich in mir vorging, was ich wirklich gedacht habe.
Wer ist schon so dumm und plaudert alles aus?

Dritter Kontakt

Mir ist immer noch ein wenig so,
als ob ich etwas versäumt habe mitzuteilen.
Ja, da ist noch etwas Wichtiges,
was ich vermitteln möchte.
Ich habe es vergessen, ich habe es verloren.
Ich war so versunken in das Hören meiner Musik.
Ich musste doch nachholen.

Oh, ich wollte meine Sehnsucht nach Leben befriedigen.
Ich wollte nicht sterben! Ich wollte leben!
Jetzt spüre ich es!
Aber die Todessehnsucht hat mich immer wieder
hinuntergestürzt in meine Dunkelheit.
Da war sie wieder die Todessehnsucht.
Sie hatte sich drohend vor mir aufgebäumt –
wie ein großes schreckliches Tier
mit einem überdimensioniertem schrecklichen Maul –
und mich würde es auffressen!

Das war Angst, schrecklichste Angst.

Und jetzt?

Jetzt ist da diese Angst nicht mehr.

Aber ich weiß noch nicht wirklich,
was denn jetzt meine Musik soll?
Die Menschen sollen doch leben und glücklich sein
und sich nicht vor dem Tod fürchten.

Jetzt bin ich verzagt und auch verzweifelt.
Jetzt fürchte ich, habe ich mich mit meiner Musik verirrt.
Jetzt war doch alles umsonst!
Jetzt werde ich nicht mehr sein.

Wer hilft mir? Was kann ich tun?

Doch da tönt sie in mir meine Musik.
All meine Musik ertönt in mir zusammen.
All meine Musik erklingt in einem gemeinsamen Werk.

Und es erhebt sich ein großes Leuchten über diesem Werk.
Ein Leuchten, das auch mich berührt, mich einbezieht.

Und ich verstehe.

Auch meine Musik gehört zu Gott.
Auch meine Musik ist wichtig für die Menschen.
Auch meine Musik hat ihren Wert.
Sie wird nicht vergehen.

Aber sie wird neue Färbungen bekommen –
das spüre ich.

Sie wird leichter sein.

Sie wird Leben und Tod zusammenbringen.

Und ich werde dabei helfen!

Weil ich im Göttlichen angebunden bin –
weil ich den Tod nicht mehr fürchte –
weil ich lebe!

Richard Wagner
1813–1883

Niemand kann bestreiten, dass meine Musik auch göttlich ist,
Musik ist, die von Gott gewollt ist.
Aber da muss ich mich gleich korrigieren.
Das klingt so nach Bewertung durch eine höhere Instanz.
Das ist nicht der Fall.
Aber es gibt eine ganz besondere Art Musik,
eine ganz besondere Art der Göttlichkeit,
die mehr hervorbringt als nur Unterhaltung.

Wie viele Menschen gehen in ein Konzert oder in die Oper,
um sich zu unterhalten.
Sie gehen gar nicht wegen der Musik.
Das kann ich nicht leiden!
Ich möchte ihnen am liebsten ihre Ohren verstopfen,
damit sie nie wieder hören können!

Ja, sie haben es nicht verdient, dass es so großartige Musik gibt.
Nun, sie sind es ja selbst, die sich Schaden zufügen.
Sie gehen nach Hause und sind wieder in
ihren alltäglichen Problemen –
und die Musik klingt nicht mehr in ihnen.
Sie ist in sich zusammengefallen wie ein Gerüst,
das nicht halten kann.
Ja, sie haben gar nicht wirklich zugehört!
Sie haben gar nicht erfasst, was da erklingt.
Sie stehen außerhalb der Musik.

Viele reden über das Erlebte.
Sie ergehen sich in wunderbaren Aussagen.
Das ist alles für nichts!
Der Mensch, der wirklich zu sich nimmt, was ihm da geboten ist,

der schweigt oder spricht ruhig.
Er trägt das gefühlte Glück in sich
und lässt es sich nicht gleich wieder zerstören.

Nun, ich bin ja nicht unzufrieden.
Ich habe meine Musik in die Welt bringen können.
Und ich hatte Hilfe, viel Hilfe.
Ich weiß es.

Und ich lächle voller Dankbarkeit auf die Engel.

Ja, die Engel! Und da werdet ihr staunen.
Der Wagner und die Engel?

Ich war wie zwei Menschen.
Der eine gehörte der Musik und
der andere, na, der hat ein wenig gesponnen.
Und manchmal ein wenig zu viel!
Er war nicht wirklich bei sich.
So ist das nun leider auch bei einem großen Komponisten.
Das ist das Menschliche.

Aber die Musik konnte es nicht zerstören!

Ich habe viel zerstört, aber nicht meine Musik.
Und ich spüre eine tiefe Liebe zu meiner Musik.
Und ich wünschte mir manchmal,
ein anderer Mensch gewesen zu sein,
ein bescheidener Mensch, ein Mensch,
der sich seiner Musik untergeordnet hätte.
Aber das war meinem Wesen fremd.

Jetzt spüre ich das ganz anders.
Jetzt bewegt mich das alles ganz anders.

Es ist einfach nur noch leicht und wunderbar für mich.

Ich habe mein Werk geschaffen.
Und was die Menschen daraus machen, ist mir eigentlich egal.
Es bleibt immer etwas Brauchbares übrig.

Ja, ich bin bescheiden geworden.
Ich brauche keinen Ruhm mehr, nein, überhaupt nicht.
Ich freue mich und versuche zu unterstützen
da, wo ich eine Verbindung spüre.
Ja, da bin ich sehr aufmerksam.

Ich habe mich in den Dienst meiner Musik gestellt.

Zweiter Kontakt

Nun, da war mir immer noch so, als ob ich nicht alles gesagt hätte,
nicht alles ausgesprochen hätte, was mir am Herzen liegt.
Ich habe doch eine große Aufgabe!
Ich bin doch nicht einfach jetzt ein kleiner Mensch,
der irgendwo dahinvegetiert.

Das war ich nie und das bin ich auch jetzt nicht.
Ich bin jetzt ein Diener meiner Musik.
Aber dieses Dienen, es macht mich groß und stark.

Ich wachse.

Ja, der Wagner ist jetzt groß.
Aber nicht weg von Gott.
Nein, das kann nicht passieren!

Ich bin Gott nahe – in tiefer Demut.
Und ich sage das ganz bewusst: „In tiefer Demut."
Damit alle verstehen, was es heißt, Mensch zu sein –
und gleichzeitig göttlich.
Und dann gibt es nichts mehr, was Mühe macht.

Dann ist da nichts mehr verkehrt.
Alles stimmt.

Ich bin stimmig in allem, was ich da in mir habe.
In allem, was ich denke,
in allem, was ich tun möchte.

Ich bin stimmig.
Meine Töne stimmen in sich.
Sie klingen mit all den anderen Tönen.
Und trotzdem tönen sie in sich.

Das ist irgendwie ganz besonders wunderbar.
Ich bin nicht weg, aber ich stehe auch nicht da für mich.
Ich bin einer unter vielen.

Ich bin der Wagner unter allen anderen Komponisten.

Dieses Gemeinsame, es schafft Frohlocken.
Das spüre ich ganz besonders.
Das Gemeinsame trägt uns.

Und die Menschen brauchen auch das Gemeinsame,
nur das Gemeinsame!

Die, die sich da auf einen Thron stellen wollen,
die haben keine Chance mehr.
Sie stürzen ab!

Ich achte darauf, dass Verstiegene noch rechtzeitig zu sich finden.
Das ist jetzt auch meine Aufgabe.
Ich übernehme sie gerne.
Und die Engel stehen an meiner Seite.
Sie helfen – und wie!

Ich kann es nicht anders ausdrücken als so:

Der Wagner ist überglücklich.
Aber er steht fest auf dem Boden der Liebe –
er hebt nicht ab.

Und so wirkt meine Kraft – zusammen mit der Kraft der Engel
in die Menschen hinein, die sich mir zuwenden,
die von mir lernen wollen, die sich helfen lassen wollen.

Lasst euch helfen, ich bitte euch!
Lasst euch helfen!

Ihr macht euch doch euer Leben unnötig schwer.
Es kann so schön sein!

Und das Strahlen um mich herum erfüllt mich.

Und so kann man mich jetzt erfühlen –
zusammen mit meiner Musik.

Johann Strauss
1825–1899

Ich bin mir manchmal nicht so sicher,
ob ich alles richtig gemacht habe.
Ich habe immer noch meinen Kontrollmechanismus in mir.
Ich konnte ihn nie ganz ablegen.
Das kann sich wahrscheinlich niemand vorstellen,
dass das bei mir so war.

Ich war immer darauf bedacht, alles vollkommen werden zu lassen.
Doch dann kam beim Komponieren eine Welle über mich,
eine Lichtwelle – und ich war wie von mir weggetragen.
Und alles konnte dann seinen Lauf nehmen.

Ich lächle auf mein Werk. Ich liebe es.
Ja, ich liebe, was da entstanden ist.
Und ich freue mich zusammen mit den Menschen,
die auch meine Musik lieben.

Was ist da alles möglich?
Was kann der Mensch alles damit machen?
Oh, wie bin ich dankbar dafür, wie sich alles entwickelt hat
und wie die Menschen sich auch meiner Musik zuwenden.
Ja, da bin ich wirklich dankbar.
Und es soll auch so bleiben.

Und da spüre ich wieder den Drang in mir,
alles einzubetonieren für die Ewigkeit.
Ja, das wollte ich!
Ich wollte meine Musik schreiben für die Ewigkeit.
Und alles sollte so bleiben!
ICH hatte es schließlich komponiert!

Aber jetzt spüre ich, wie sich das gar nicht gut anfühlt,
wie ich mich auf etwas besinnen muss,
was mir immer wieder verlorengeht.

Ich bin doch gar nicht so wichtig!
Es ist doch etwas ganz anderes, was da bestimmt,
was da entscheidet.

Ich bin doch gar nicht so wichtig.

Oder doch? Ich verstehe mich manchmal nicht.
Ich verstehe das noch nicht wirklich.
Habe ich nun die Musik komponiert oder dieser *Gott*?
Wer von uns beiden?

Und ich erinnere mich, wie ich in Konkurrenz zu ihm getreten bin.
Nein, die Musik, sie war von MIR!
Und sie wird immer von MIR bleiben!

Und ich stehe da und ich dirigiere meine Musik.
Und alle Welt tanzt nach meiner Musik!

Nun, da übertreibe ich wohl ein wenig.
Aber ich bin zufrieden mit dem, was ich geschaffen habe.
Und so will ich das erst einmal lassen.
Die Menschen lieben meine Musik, was will ich mehr?
Und es ist doch nicht wichtig, wer da noch mitgemischt hat.

Doch da werde ich wieder unsicher.
Ich kann das nicht einfach so ablegen.
Ich höre hier doch schon diese vielen Klänge.
Und das Göttliche mischt sich auch schon für mich hinein.

Ich beginne langsam zu erkennen, dass ich wichtig bin.
Ich war wichtig, damit diese Musik entstehen konnte.

Es war wichtig, dass ich an sie geglaubt habe.
Aber ich habe nicht alleine komponiert?

Na ja, wie auch immer.

Ich freue mich jetzt erst einmal an meiner Musik.
Und mehr schmeckt mir einfach noch nicht.

Zweiter Kontakt

Ich weiß immer noch nicht, wo mir der Kopf steht.
Mal denke ich so und dann wieder so.
Und dann bin ich nicht wirklich einverstanden mit mir.
Ich möchte aber jetzt Klarheit und Sicherheit finden in dem,
was mein Menschsein und mein Komponieren ausgemacht hat.
Ich kann mich doch nicht klein machen!
Wer bin ich denn dann noch!?
Ich wollte doch hoch hinauf und jetzt?

Ich bin aber schon vorangekommen in meinen Überlegungen.
Und ich fühle immer mehr eine innere Ruhe,
was mich und Gott und das Komponieren betrifft.
Die Musik, ich habe sie in mir getragen
und ich habe sie hinausgegeben.
Ohne mich wäre sie nicht entstanden,
nicht so – nicht in dieser ganz besonderen Individualität.

Aber ohne Gott wäre da nichts gewesen.
Kein Ton, keine Melodie.
Das wird mir immer deutlicher.

Ohne Gott keine Musik!

Und da erschrecke ich!

Diesen Gott will ich jetzt anerkennen und ehren
ohne Wenn und Aber.
Ich habe Gott gebraucht – und er hat mich gebraucht.
Wir haben zusammengearbeitet.

Und das gefällt mir jetzt gut.
Damit kann ich etwas anfangen.
Das macht mich nicht unsicher.
Das nimmt mir nicht von meinem Wert.

Und ich fühle, wie Zusammenarbeit etwas ist,
das die Menschen mehr und mehr brauchen.
Sie können mit dem Wort oft gar nichts anfangen.
Und dann wirken sie so verloren.

Zusammenarbeiten – das ergibt Wohlklang.
Alles alleine schaffen wollen – das ergibt Dissonanzen.
Das klingt schrill.

Mich beruhigt das jetzt alles auf wunderbare Weise.
Ich fühle mich jetzt aufgehoben und geborgen in der Musik,
der göttlichen Musik, dem *Musik-Gott*.
Und ich bin bereit, ihm zu dienen.

Und ich bin bereit, den Menschen zu dienen, die noch Hilfe
benötigen, die noch unsicher sind, die sich immer wieder von sich,
von ihren inneren Gefühlen entfernen, die noch immer glauben,
sie alleine müssen etwas ganz Besonderes erschaffen.

Und ich sage es ihnen und sie hören auf mich:
„So geht das nicht, glaube mir.
Lass ab, dich unangemessen emporzurecken.
Das strengt an! Mach es dir leicht!"

Zusammenarbeit mit Gott ist leicht.

Und ich weiß ja, wie das mit mir einfach so passiert ist
beim Komponieren. Ich könnte mich da gar nicht herauslügen.
Da war ich ein Instrument in Gottes Händen.
Aber dieser Gott konnte darauf spielen
wie es eben nur ein Gott kann – göttlich!

Und meine Musik ist göttlich!

Und da tanze ich vor Freude herum.
Und so viele tanzen mit mir zusammen.

Ja, tanzt, tanzt, tanzt.
Lasst euch nicht abhalten von fröhlichem Beisammensein.
Und der Tanz darf nicht fehlen.
Es muss nicht meine Musik sein.
Es gibt noch so viel andere Musik.
Für jeden Geschmack ist gesorgt.

Aber meine Musik – vergesst sie nicht ganz!
Sie hat einen ganz besonderen Reiz.
Den herauszufinden, den noch herauszufiltern,
den zu vervollkommnen,
den zu vervielfältigen –
da ist noch so vieles möglich!

Und ich lache und ich freue mich,
weil ich wie ein kleiner Kobold in die Gedanken
der Menschen hineingehen kann.
Und sie folgen mir!
Und die Freude ist groß!

Ja, es geht um Freude für die Menschen.
Und dabei helfe ich.

Das macht mich froh und dankbar,
dass ich eine solche Aufgabe haben darf.

Und damit bin ich einverstanden und auch zufrieden.
Ich brauche nicht mehr.

Nun, jeder findet hier seinen Weg.
Und ich denke jetzt an mich und meine Aufgabe.
Sie hört nicht auf und das gefällt mir von Herzen sehr.

Und da möchte ich Sie in meinen Armen halten
und mit Ihnen durch den Himmel tanzen.
Fühlen Sie es? Ja, Sie können es fühlen.
Es ist ein Schweben und ein göttliches Klingen.
Aber ich lasse Sie wieder hinab zu dem, was Ihre Aufgabe ist.

Es ist doch interessant, wie alles aufgeteilt ist.
Wie jeder seine Aufgabe hat im Reich der Menschen.

Wenn nur jeder seine Aufgaben erfüllen würde mit der
notwendigen Achtsamkeit – wie leicht könnte Leben sein.

Johannes Brahms
1833–1897

Ich bin hier so etwas wie ein weiser Mann geworden.
Ja, ein richtig weiser Mann.
Diese Rolle gefällt mir sehr gut.
Ich habe da eine innere Haltung in mir,
mit der ich mich gerne den Menschen zuwende.
Ich habe verstanden.

Ich habe das Menschsein verstanden.
Das Menschsein auf der Erde –
und das Leben nach dem Leben auf der Erde.
Da irritiert mich nichts mehr.
Da ist alles in mir geklärt.
Da bin ich ein weiser Mann.

Und ich lächle weise und ich argumentiere weise,
wenn jemand etwas von mir wissen will.
Ich habe da einen angenehmen Durchblick,
der lässt mich in dieser Ruhe verweilen.
Aber in einer Ruhe, die nicht langweilig ist,
sondern die genau weiß, worauf es ankommt,
worauf es ankommt in der Musik!
Ja, das möchte ich aber auch betont haben!
Denn ohne die Musik, was sollte ich denn dann überhaupt?
Wie hätte ich denn da leben können!?
Das wäre für mich kein Leben gewesen!

Manchmal habe ich mir gedacht,
wäre ich doch ein Viehhirte geworden
und hätte meine Liedlein gesungen für die Tiere.
Das wäre ein leichtes Leben gewesen, ein fröhliches Leben.
Aber so wie mein Leben war, nun, leicht war das nicht zu nennen.

Ich würde schon eher sagen, es war schwer.
Und ich spüre jetzt wieder diese Last, wie sie da oft auf mir lag
und mir das Atmen schwer gemacht hat.
Dann wollte ich am liebsten nicht mehr leben.

Aber die Musik, sie hat mich immer wieder erfrischt,
immer wieder geholt aus meinen trüben Gedanken,
aus meiner dunklen Welt.

Ja, meine Welt war eigentlich dunkel.
Ich wollte es mir nie wirklich eingestehen.
Und die Musik konnte auch immer wieder darüber hinwegtäuschen.
Aber ich habe in einer dunklen Welt gelebt.

Und das ist grausam!

Ich hatte die Musik und trotzdem war mein Leben grausam.
Ich hatte die Musik und ich hatte den Segen der Musik.
Und trotzdem war mein Leben grausam.

Ich habe es nicht zusammenbekommen dieses göttliche Gefühl –
und das normale Leben.
Da war immer ein Bruch, ein gewaltiger Bruch,
so als ob neben dem Göttlichen gleich
der Absturz in die Hölle stattfindet.
Ja, so habe ich mich dann oft gefühlt.
Auf das Unendliche in der Musik,
auf das Fühlen des Unendlichen,
auf das Eingebundensein in das Unendliche
folgte immer der Absturz.

Ich habe keine andere Möglichkeit gefunden.

Doch jetzt sehe ich das Helle, das Licht,
wie es mich immer wieder gefüllt hat,
damit die Dunkelheit mich nicht auffressen konnte.

Ja, die Musik, sie hat mir Leben gegeben. Leben!

Und ich möchte die Musik umarmen!
Und ich möchte Gott umarmen und alle lichten Kräfte,
weil sie die Musik ehren, weil sie die Musik lieben,
weil sie uns Menschen die Musik gegeben haben!

Ich wüsste nicht, was aus mir geworden wäre ohne meine Musik.

Und ich sehe mich da wie ein Wanderer in der Wüste,
der verdursten muss. Da ist kein Wasser!
Und so wäre ich im Leben ohne Musik umgekommen.
Ich hätte nicht leben können.

Ja, ich erkenne alles. Ich bin weise geworden.
Und ich wünsche mir, dass die Menschen auch weise werden
und die Bedeutung der Musik erkennen –
die Bedeutung der Musik!

Und da möchte ich es in großen Lettern an den Himmel schreiben,
damit sie es lesen, damit es sich in sie hineinlegt wie eine der größten Weisheiten, die die Menschen brauchen:

Ohne Musik kein Leben!
Und das nicht nur für mich, nein, für jeden Menschen.
Musik ist Lebendigkeit.
Musik macht froh.
Musik füllt.
Musik weitet.
Musik, Musik, Musik.
Überall Musik.

Aber eine Musik, die eine ganz besondere Bedeutung hat,
das ist die göttliche Musik!

Wer denkt denn da schon drüber nach, wer?

Wer ist schon dankbar dafür, was er von Gott bekommen hat?
Wer ist da schon dankbar?

Wer ist dankbar für seine Stimme, mit der er wunderbare Töne
formen kann, die ihm gut tun, die ihn umschmeicheln,
die ihn aufhorchen lassen für das, was im Leben wichtig ist?

Wer ist denn schon wirklich dankbar?

Doch, das gibt es!

Es gibt es in kleinen bescheidenen Räumen, würde ich sagen –
eher dort. Diese Konzertsäle, sie machen mich manchmal
ganz verwirrt.
Da ist mir oft, als ob die Töne durcheinander purzeln.
Ja, ich habe da ein ganz feines Gehör.
Ich versuche dann immer wieder, einige zusammenzurichten,
einzufangen und einzuordnen, denn ich will, dass meine Musik
rein erklingt. Doch das gelingt nicht immer.

Aber ich bin nicht ärgerlich. Ich denke, besser als gar nichts.
Und oft ist es auch schön, wirklich schön und ergreifend.
Und dann fühle ich mich auch angesprochen.
Und dann schütte ich meinen Glanz über die Musik.
Ja, meinen Glanz!

Und da glaubt nicht, dass ich mich zu hoch einschätze. Nein!
Ich habe ja diesen Glanz. Er gehört zu mir. Nicht immer, nein.
Ich musste ihn mir auch erwerben, so möchte ich das nennen.
Da habe ich schon einige Stufen zu erklimmen gehabt.
So einfach bekommt man diesen Glanz nicht von Gott geschenkt.

Ich lache, weil ich nicht weiß, was ihr alle dazu sagen werdet,
was ich da rede. Aber glaubt mir, ich rede nicht wirr.

Es ist wie ich es sage.

Es ist das Geheimnis der Musik Gottes.
Es ist das Geheimnis um die Kraft der Musik,
um die Liebe in der Musik.
Das ist machtvoll.

Aber dazu benötigen die Menschen kein Riesenorchester.
Da genügt etwas Kleines, Bescheidenes.
Es muss nur klingen und eindringen in die Menschen,
sie berühren in der Tiefe, sie in eine Gefühlswelt leiten,
die sich ihnen öffnen kann, ohne Angst davor zu haben.

Ich war zu Lebzeiten in gewisser Weise verschlossen. Ich habe
den Menschen Musik gegeben, aber ich selbst war verschlossen.
Wie geht das? Nun, ich war Mensch und ich war Komponist.
Der Komponist hat immer für sich gestanden.
Der Komponist war zusammen mit Gott wirksam, der Mensch nicht.
Diese Trennung habe ich immer gefühlt.
Mit dieser Trennung musste ich leben.
Aus dieser Trennung habe ich zu Lebzeiten nicht herausgefunden.

Aber nach meinem Tod, da ging das schnell.
Ich hatte doch eine so große Sehnsucht nach Hilfe heraus aus der
Dunkelheit. Und bald habe ich gespürt,
wie ich da umgeben bin von einer Wärme,
nach der ich mich gesehnt hatte als der Mensch Brahms.

Ich habe sie zugelassen. Ich habe mich gewärmt.
Und die Dunkelheit, sie ist irgendwie zerflossen.
Und anstelle der Dunkelheit war da Licht.

Und der Musiker Brahms und der Mensch Brahms –
sie sind zu einer Person geworden.
Und das war wunderschön!

Glaubt mir alle:

Das Leben ist etwas Wunderbares.
Und der Tod ist nichts zum Fürchten!

Aber jetzt scheint es mir, als ob der Tod für die Menschen
eine besonders schreckliche Gestalt angenommen hat.
Er ist wie ein Dämon in den Menschen!
Sie fürchten sich vor ihm!

Ja, die Menschen fürchten sich ja vor sich selbst!

Singt alle!
Erst ganz leise und behutsam.
Spürt die Töne in euch.
Und dann hat der Dämon keine Macht mehr über euch.

Glaubt mir, es ist eigentlich ganz leicht.
Aber ihr wollt immer Großes.
Kleines, Einfaches scheint euch nichts zu bedeuten.
Aber gerade das ist es, was der Mensch erst einmal braucht,
worauf er dann aufbauen kann.

Wer immer nach dem Großen, Machtvollen schaut,
der hat es schwer.
Er wird nie wirklich zufrieden sein.

Alles gehört zur göttlichen Musik, das Leise und das Laute,
das Kleine und das Große, alles.
Aber fangt mit dem Kleinen an.
Beginnt ganz unten, greift nicht nach den Sternen.

Und da möchte ich allen sagen, besonders denen,
die die Musik zu ihrem Beruf machen wollen:
Fangt ganz klein unten an, damit ihr einen Halt habt,
der euch nie zerbricht, der euch immer trägt –
auch in Zeiten, die nicht so gut sind.

Der Erfolg, er darf auch sein.
Aber er darf nicht der Zweck sein,
den ihr erfüllen wollt mit der Musik.
Wenn er dann kommt, dann ist es gut.
Dann ist er einfach da.
Aber wer immerzu Erfolg haben will,
der muss sich anstrengen.
Und irgendwann geht ihm die Puste aus.

Hört auf mich!

Ich möchte allen jungen Musikern raten, was für sie wichtig ist.
Sie sollen sich an mich wenden.

Ich bin hier ein weiser Mann, ein weiser Berater
für die persönliche Entwicklung.
Denn das ist in eurer Zeit von großer Wichtigkeit.
Die Gefahr zu stagnieren oder abzustürzen, sie ist groß.

Wer aufbaut, ganz behutsam und mit Achtsamkeit,
mit Dankbarkeit und Ehrfurcht vor der Musik,
vor seinem Können, vor dem göttlichen Geschenk,
dem wird es gut gehen mit der Musik.

Und ich helfe gerne dabei. Ich bin ein weiser Mann.

Und in dieser Rolle fühle ich mich gut,
weil ich aufbauend eingreifen kann.

Weil ich von der Bescheidenheit reden kann –
von der Bescheidenheit und
von der Unterordnung
unter die göttliche Musik.

Modest Mussorgsky
1839–1881

Es klingt in mir, und ich bin Klang.
So möchte ich meinen Zustand bezeichnen.
Es klingt in mir und ich bin Klang.
Und als Klang verteile ich mich in die Atmosphäre.

Ich gebe weiter.

Ich bin ein dauerndes Weitergeben
der wunderbarsten Klänge, die ein Mensch in sich tragen kann.
Ja, es sind alles meine Klänge, die ich weitergebe.
Ich weiß, da gibt es andere Klänge auch.
Ich höre das hier ja auch, ich bin nicht nur auf mich eingestellt.
Ja, das kann ich beides gleichzeitig.
Ich bin eingebunden in den großen Klang.
Und ich kann meine eigenen Klänge weitergeben.

Jeder Mensch hat seine ganz besondere Art zu klingen,
und jeder Komponist hat sein eigenes Konzept.
Ja, man darf das ruhig Konzept nennen,
denn irgendwie musste das ja auch eine Einheit bilden,
eine Einheit für diesen betreffenden einmaligen Komponisten.

Und alles hatte auch zu tun mit der Entwicklung der Musik.
Ja, das ist es auch, worauf es ankommt!
Es muss eine Entwicklung geben!
Denn Stagnation kann es nicht sein.
Nein, das wollte ich auch nicht.

Ich wollte etwas Einmaliges machen, das nur mich betrifft.
Und dazu brauchte ich aber viel Hilfe, glaubt mir das alle.
Ich konnte das alles nicht ohne Hilfe.

Und ich höre, wie die Klänge sich in mir entwickeln,
sich ausbreiten und hinauswollen –
und ich habe sie hinausgelassen.

Das ist mutig.

Ja, es ist nicht einfach, sich seiner Aufgabe zu stellen.
Ich denke, das ist in anderen Bereichen ebenso.
Das ist nicht nur so in der Musik.
Die Musik macht es vielleicht leichter, sich zu entfalten,
weil sie den Komponisten antreibt – nicht unangenehm.

Aber sie lässt ihm keine Ruhe!
Denn wenn ich das alles in mir behalten hätte,
ich glaube, ich hätte das nicht aushalten können.
Denn das Göttliche, die Liebe nur für sich behalten zu wollen –
das kann niemandem gut tun – das schadet.

Ich liebe meine Musik und ich liebe alle Musik,
die hier schon zusammenklingt in einer gemeinsamen Tönung.
Ja, das ist verrückt. Da ist so viel unterschiedliche Musik –
und trotzdem kann sie zusammenklingen.

Stellt euch das mal vor, wie das wäre, wenn drei Werke von drei
unterschiedlichen Komponisten nebeneinander aufgeführt werden.
Eine Katastrophe!

Aber im Haus Gottes, im großen Konzertsaal Gottes, da geht das.
Das ist so wunderbar, das ist so mächtig.
Da gibt es keine trüben Gedanken mehr.
Da gibt es kein Verzagen.
Da gibt es nur Freude, Freude, Freude.
Und ich bin mittendrin!

Aber ich bin auch nach außen gerichtet –
nach unten, auf die Erde.

Meine Musik, sie soll noch nicht in allen Teilen in die
göttliche Musik einfließen, nein, da ist noch Handlungsbedarf.
Da brauche ich noch Menschen,
die da noch etwas herausholen aus meiner Musik,
was so noch nicht zu den Menschen gekommen ist.

Ja, unsere Musik, die alte Musik sozusagen,
sie soll von den Neuen in gewisser Weise erneuert werden,
mit neuen Klängen erfüllt werden.
Und dabei helfe ich.
Ich entwickle mit.
Und ich finde schon noch die richtigen, die mitmachen.

Es ist nicht immer so leicht,
weil sich niemand so gerne unter das Werk eines anderen stellt.
Aber das heißt ja nicht, dass man selbst nichts kann,
sondern man verfeinert, man veredelt,
man bringt sein Eigenes mit hinein -
und dann erblüht etwas Gemeinsames.

Ja, das Gemeinsame ist es, was die Welt in Bewegung bringt –
nicht mehr das Vereinzelte, das Egozentrierte, das ICH! ICH! ICH!
Das macht das Leben schwer.
Das macht auch das musikalische Geschehen schwer.
Und das auf so vielen Ebenen.

Dann gibt es keinen Neid mehr, keine Missgunst,
keinen Übereifer, keine Versagensängste.
So vieles fällt ab.

Und die Musik erklingt – ganz einfach.
Musik erklingt – Musik klingt – Musik heilt.

Jeder Ton heilt. Ja, stellt euch das vor!

Nur ein einziger Ton kann schon heilen!

Aber es kommt darauf an, wie man ihn formt,
wie er im eigenen Inneren seine Welt entdeckt.

Der Ton beginnt ganz klein – er wird gefühlt – dann wird er weiter –
er wärmt das Innere – und dann kann man den Ton herausströmen
lassen.

Eigentlich ist alle Musik nicht mehr als ein einziger Ton,
aus dem man etwas herausentwickeln kann.
Es ist der Urton, es ist Gott. Ja, so kann man ihn auch nennen.
Ich benutze das Wort Urton gerne, weil es keine Form hat.
Man kann sich nichts unter dieser Bezeichnung vorstellen.
Und so soll es sein. Es ist einfach da.
Und der Mensch kann eine Beziehung dazu herstellen.

Nun, das ist vielleicht ein wenig verwirrend jetzt für alle,
die immer das Mächtige, das Großartige, die gewaltigsten Klänge
mit dem Himmel und mit den Engeln in Verbindung bringen.

Aber erst der Anfang, erst der Ton, der sanft und leise
und klein und bescheiden das Innere des Menschen füllt.
Da geht es nicht um Anerkennung, um Bewertung von Zuhörern.
Da geht es nur um die Liebe im Menschen.
Und diese Liebe, die kann sich dann entwickeln.

Aber man muss da im tiefen Kern, im Ursprung der Musik bleiben.
Das soll niemand vergessen –
egal ob er Musiker ist oder etwas anderes macht.
Denn die Musik ist für alle Menschen da,
weil sie sie zum Leben brauchen.

Dankbarkeit und Bescheidenheit – und daraus
entfaltet sich dann das Schönste, was es geben kann:
die himmlische Musik in allen ihren Formen.

Damit es nicht langweilig wird!

Und da muss ich lachen, ja, auch damit es nicht langweilig wird.
Denn was würde sein, wenn alles gleich klingt.
Schrecklich!

Und da freue ich mich wieder über das,
was ich da aus mir heraus erschaffen konnte.
Und ich erschaffe immer noch.
Ich mische mich noch ein.
Ich passe auf meine Musik auf.
Und so soll es erst einmal bleiben.

Wer von mir lernen möchte, nun der wende sich an mich.
Ich bin bereit. Von mir kommt eine reine Lehre.
Sie ist nicht verfälscht durch Vorstellungen irgendwelcher Art,
die nur einengen, auch verurteilen, was andere in sich tragen –
und was eigentlich heraus will.

Zweiter Kontakt

*Sie hatten Probleme mit dem Alkohol, aber trotzdem hat es Sie mit
Ihrer Musik gut vorangebracht?*

Nun ja, ich bin da nicht stolz auf mich, aber es war so.
Anders hätte ich das Leben nicht ausgehalten.

Aber da war trotz alldem etwas in mir,
das immer an mein Überleben geglaubt hat.
Da war in mir eine Gewissheit, die konnte mir niemand nehmen.
Da war eine Verbindung zu Gott schon zu Lebzeiten.

Aber zu den Menschen, da hatte ich die Verbindung verloren.
An die Menschen konnte ich nicht mehr glauben.
Das hat sich bald auf heilsame Weise verändert nach meinem Tod.
Da sind mir die Augen geöffnet worden.
Und so kann ich mich den Menschen jetzt vorurteilsfrei zuwenden.

Und das ist Freiheit für mich, totale Freiheit.
Da kann mich nichts irritieren, schlecht machen, klein machen.
Da gibt es nichts in mir, was beschädigt werden könnte –
nichts mehr.

Und dankbar bin ich hier in der Form,
die Gott und die Menschen zusammenbringt –
und sie nicht voneinander trennt.

Dritter Kontakt

Wenn ich an mein Leben zurückdenke,
da fühle ich immer etwas Wunderbares.
Da hat immer etwas Wunderbares gewirkt –
das hat mich leben lassen.

Und dieses Wunderbare, dieses ganz besondere Erfühlen,
das gebe ich weiter im ganz besonderen.

Das ist ein Schatz, etwas Wertvolles.
Das *Fühlen* ist für die Menschen wertvoller als all ihr Besitz,
den sie sich immerzu anhäufen wollen.
Dieses Besitzdenken hat scharfe Ecken und Kanten –
der Mensch verletzt sich immerfort.

Aber sich *fühlen*, das ist weich, ist warm.
Da gibt es keinerlei Verletzungen.
Das ist die Liebe, die wirkt.

Die Liebe!

Und ich möchte sie in die Menschen hineinströmen lassen,
weil sie so schön ist.
Aber noch ist da keine Öffnung.

Ich habe die Liebe Gottes.
Ich möchte sie verströmen,
aber noch haben zu wenige ein Interesse daran.

Hört meine Musik –
und dann verbindet euch in Gedanken mit mir –
und glaubt an die göttliche Liebe in mir.

Dann wird sich euch etwas auftun,
was ihr so noch nicht gefühlt habt.

Ich gebe sozusagen Unterricht im *Fühlen* –
und das mache ich mit wahrer Begeisterung!

Antonin Dvorak
1841–1904

Nun, ich bin einer von den großen Komponisten, das weiß ich.
Und das sage ich ohne Hochmut.
Ich bin mir meiner Schaffenskunst bewusst.
Und so stelle ich mein Werk auch immer wieder vor mich hin
und schaue es mir an.

Hier und da denke ich mir, hätte ich anders schreiben sollen,
da möchte ich immer wieder etwas verändern.
Ja, am liebsten möchte ich immerzu eingreifen,
wenn etwas von mir gespielt wird.

Aber es gibt auch die wundervollen Momente,
wo ich meine Musik höre und sie erklingt zu meiner Freude.
Sie dringt in mich ein, sie bekommt mir.
Ja, meine Musik bekommt mir.
Und dann weiß ich, es war gut.

Ich habe immer an mir gezweifelt.
Das war immer bei mir, unaufhörlich.
Dabei wäre das gar nicht notwendig gewesen.
Aber ich konnte gar nicht anders.
Das war auch in gewisser Weise meine Triebfeder.
Aber es wäre nicht notwendig gewesen.

Und jetzt machen viele aus meiner Musik auch etwas,
was gar nicht notwendig ist.
Es ist immer so ein Streben,
das der Musik eher schadet als dass es ihr nutzt.

Wer sich nicht der Musik unterordnen kann,
der hat schon verloren.

Wer glaubt, ER ist der Macher,
ER ist derjenige, der das Werk zum Erblühen bringt,
ER ist derjenige, den man ehren muss –
der liegt falsch!

Und wenn Musiker sich einfügen, sich zusammenfinden
in der gemeinsamen Freude über die Musik, über das, was da ertönt,
über das, was sie aus ihren Instrumenten hervorlocken können –
dann ist es gut!

Die Menschen werden schon noch aufhorchen auf neue Weise,
ich weiß das. Ja, wir wissen hier oben viel mehr als ihr.
Aber wir müssen geduldig sein.
Ja, ich muss mich immer in Geduld üben
und auch im Mitgefühl für die Musiker, die sich verirren.
Alle geben sich so viel Mühe.

Aber die Mühe ist es, die die Musik stört.
Ja, ich möchte nicht sagen, zerstört,
denn Musik kann man eigentlich nicht zerstören.
Aber sie stört den Lauf der Musik,
das Klingen, das Einwirken in die, die zuhören.

Einen Andachtsraum stelle ich mir immer vor,
in den viel Licht hineinfällt,
in dem die Farben leicht und hell sind,
und in dem der Schmuck ein bescheidenes Kunstwerk ist.
Nichts Überladenes, Schweres, nur Leichtes.
Da kann sich die Musik entfalten.
Da kann sie zum Singen und Klingen gebracht werden
und in die Herzen der Menschen eindringen.

Musik ist Bewegung,
ist Bewegung in Schwingungen.
Ich liebe die Musik.
Ja, ich liebe die Musik, weil sie göttlich ist.

Grenzenlos sind wir hier miteinander verbunden – und können trotzdem unser Eigenes in die Welt hinunterbringen.

Da komme ich mir vor wie Frau Holle, die die Betten ausschüttelt.
Aber es kommen wunderschöne Töne angeflogen.
Sie dringen in die Menschen ein.
Und die Menschen beginnen, von innen heraus zu klingen.
Das wäre schön. Aber leider geht es noch nicht so.

Ich gebe von mir alles weiter, was ich habe.
Ich will nichts für mich behalten.
Alles sollt ihr bekommen.

Öffnet eure Ohren und eure Herzen.

Ja, stellt euch vor mich hin und schaut hinauf,
so als ob ich da vor euch auf einer Wolke stehen würde.
Und dann lasst zu, was da von mir in euch hineinfällt.

Probiert das mal aus, habt keine Hemmungen.
Ihr müsst nur bereit sein, etwas von mir anzunehmen
und nicht glauben, dass ihr schon alles habt.
Glaubt das bitte nicht!

Es ist hier noch soviel Reichtum zu vergeben, nutzt ihn!
Es wird euer Schade nicht sein.

Zweiter Kontakt

Es ist immer ein Bestreben in denen,
die Musik zur Aufführung bringen:
Es soll immer ganz besonders sein!
Es muss etwas ganz Besonderes sein!

Ja, das ist wie ein Befehl in ihnen.
Es ist ihnen oft so gar nicht bewusst.
Da meldet sich immer wieder das Kind in ihnen.
Das ist wie ein Befehl, den sich das Kind gegeben hat.
Es wollte doch alle anderen überragen.

Es musste sich hineinträumen in diese Vorstellung.
Aber der Erwachsene soll sich davon verabschieden –
ganz und gar! Er braucht das doch nicht mehr.
Er ist doch kein Kind mehr!

Und mit einem frohen Lachen auf den Lippen
gelingt ihm alles. Er muss sich nicht anstrengen,
so wie das Kind sich immerfort anstrengen musste.
Er kann einfach sein Können zu den Menschen geben.

Hingebungsvoll, voller Freude darüber,
dass man ein solches Geschenk in sich trägt.

Es ist eine Gnade, Musik zu verteilen – so möchte ich das nennen.

Es ist wirklich eine Gnade.
Geht achtsam damit um.
Verbiegt sie nicht.

Seid dankbar!

Das erreicht die Zuhörer mehr als ihr euch das vorstellen könnt.

Sie lauschen – sie sind erstaunt – da tut sich in ihnen etwas auf –
sie spüren das Göttliche in der Musik.

Die Menschen erwachen zusammen mit der Musik –
ist das nicht wunderbar!

Gustav Mahler
1860–1911

Ich bin ein ehrenwerter Mann,
das möchte ich betonen!
Ich möchte das ganz besonders betonen!
Denn das brauche ich, um mit mir zurechtzukommen.

Immer noch nagt es an mir,
nagen die Zweifel über mein Menschsein an mir,
verdrehe ich mir meinen Kopf –
ja, so möchte ich das sagen –
schaue ich nicht in eine Richtung,
kann ich noch keine wirkliche Linie finden.

Ich fühle mich immer noch wieder verloren!
Und diese Verlorenheit, sie will mich nicht loslassen.

Ich will sie nicht loslassen, ja, ich halte sie fest!

Meine Musik, sie braucht dieses Gefühl.
Ohne dieses Gefühl wird niemand meine Musik hören wollen.
Und das könnte ich nicht ertragen!
Ich brauche es, dass man meine Musik mag.
Ich bin abhängig von dem Urteil der Menschen.
Ich spüre das immer wieder so deutlich.
Ich bin abhängig von dem Urteil der Menschen.

Oh, wie ich die Menschen hasse,
wenn sie mich nicht achten,
wenn sie meine Musik nicht achten.

Ich kann das erwarten!

Und ich fordere die Menschen heraus.
Ich bin ein bedeutender Künstler!
Ich werde es schaffen, ganz oben auf der Liste zu stehen!
Ja, das ist mein Ziel!

Und davon kann mich niemand abbringen.
Alle meine Energie verwende ich dafür!

Alles wird sich entwickeln, wie ich es mir wünsche.
Erst dann kann ich in Frieden sterben.
Ja, ich konnte nicht in Frieden leben und nicht in Frieden sterben.
Und immer noch habe ich das Gefühl, muss etwas geschehen,
damit Friede in mir einkehren kann.

Und so wird es bleiben. Ich kann es nicht ändern.
Und ich will es auch nicht ändern!

Zweiter Kontakt

Nun, da hat mich schon etwas berührt,
da hat mich etwas durchdrungen.
Es war wie eine verzauberte Stimme,
die mich eingefangen hat.

Erst hat es mir Angst gemacht.
Niemand sollte sich an mir zu schaffen machen,
das kann ich nicht dulden!

Aber dann war diese Stimme so beharrlich.
Sie wurde zu einem immer größeren Ton
und dann zu einem Orchester.

Und dann hat mich etwas so tief bewegt,
dass mir jetzt noch die Tränen ganz leise herunter laufen.

So sehr war ich berührt von dem,
was da mit mir geschehen ist.

Und Ruhe ist in mir eingekehrt.
Und der Frieden in mir war da. Einfach so.

Da war ein Wunder mit mir geschehen, ein Wunder!
Ich konnte es erst gar nicht glauben.
Immer wieder wollte ich mich abwenden.

Ein Wunder für mich – Gnade für mich – Erlösung – Frieden –
Ruhe – himmlische Ruhe.

Ich war immer mehr erfüllt von dem Ereignis.

Und mit einem Mal konnte ich meine Musik
mit anderen Ohren hören.
Sie klang wie verzaubert.
Da kamen Klänge hervorgeschossen wie aus Löchern,
in denen sie auf Erlösung gewartet haben.
Einfach wunderbar.

Meine Musik ist wunderbar!
Meine Musik mit den Ohren Gottes ist wunderbar.
Ich höre meine Musik jetzt mit göttlichen Ohren –
und das ist wunderbar.

Da erhebt sich die Musik über mich.
Da macht die Musik mit mir.
Da bin ich wie ein Mensch,
der sich einfach nur freut, da zu sein.

Ich muss nichts bewirken.
Ich muss mir nichts beweisen.
Ich bin einfach.

Und ich lache hinein in meine Musik.
Und ich weiß, ich werde noch bewirken können.
Ich will das, was ich erfahren habe, noch weitergeben.
Ich will nichts für mich behalten.

Ich fühle mich frei.

Eine neue Energie strömt da aus mir heraus.
Ich freue mich.

Und ich möchte noch etwas ergänzen:
Diese große Offenbarung, die sich mir aufgetan hat,
sie ist groß – aber bescheiden und klein.

Wie bringt man das zusammen?
Löst das Rätsel selbst, ich bitte euch.

Dritter Kontakt

Ich hatte meine vielen Zweifel – ich war Zweifel.
Ich war der zweifelnde Mahler.
Ich habe an Gott und den Menschen gezweifelt.
Ich musste mir immer alles irgendwie zusammenholen,
damit es mich im Leben hält, damit ich leben kann.
Oft war ich mehr tot als lebendig, glaubt mir.
Aber die Musik, sie war es, die mich im Leben gehalten hat,
nichts anderes war es. Das konnte nur die Musik.

Meine Musik, mein Schaffen!
Darauf habe ich mir etwas eingebildet.
Und ich weiß, das war gut so.
So konnte ich mein Werk beenden.
Ich konnte alle Musik umsetzen,
die sich meine Seele vorgenommen hatte.

Meine Seele sich vorgenommen hatte?
Ja, das ist immer noch ein wenig quälend in mir.

Aber ich bin schon vorangekommen.
Ich verstehe ja schon.
Aber immer noch möchte ich meine Musik an mich reißen
und sie für mich festhalten.
Niemand soll sie mir wegnehmen können, niemand!

Aber dann finde ich mich schnell wieder.
Es sind nur momentane Zuckungen, wie ich das nennen möchte.

Da möchte ich wieder in meine alten Vorstellungen hineingreifen.
Aber da erschrecke ich, weil sich das gar nicht gut anfühlt.
Was ist das nur für ein Leben! Ich will das nicht mehr!

Ich verabschiede mich jetzt ganz und gar
von all diesen Vorstellungen,
die dem Menschsein überhaupt nichts bringen.
Nur Not, Elend, Mühe – ja große Mühe.
Alles musste unter Mühen erschaffen werden,
damit es in den Augen Gottes etwas galt. Wie dumm!

Aber jetzt erkenne ich!

Und ich kann anderen Menschen helfen,
diese falschen Vorstellungen
in ihrem Gedankenmuster herauszustreichen.
Ja, sie einfach herausstreichen.

Nichts muss der Mensch unter Mühen erschaffen!
Wozu denn? Warum?

Es ist für nichts!

Drum lasst ab, euch zu mühen, alle!

Aber natürlich soll nicht Leichtsinnigkeit an die Stelle
von Mühe treten. Das ist nicht gemeint.
Sondern Leichtigkeit – Fröhlichkeit –
liebevolle Zuwendung zu sich selbst.
Sich danken und sich ehren für all das,
was man bereit ist, einzusetzen –
nicht nur für sich selbst, sondern auch für andere Menschen.

Aber erst einmal für sich selbst mit dem Wissen, dass das,
was sich zusammengeformt hat an Brauchbarem, an Hilfreichem,
an Schönem, hinausgehört in die Welt, zu den Menschen.
Wer seinen eigenen Reichtum nur für sich behalten möchte,
der krächzt, so möchte ich das nennen.
Der hat keine gute Stimme, er klingt nicht gut.
Er verdorrt sozusagen.

Aber meine Musik, sie ist nicht verdorrt.
Und da bin ich so dankbar.
Gott hat mich nicht von sich weggestoßen.
Er hat mich immer wieder inspiriert.
Er hat mich nicht von seiner Leine gelassen.

Das klingt ein wenig abgefahren,
aber so will ich das erklären.
Das ist vielleicht ein Bild,
das manche Menschen besser verstehen können.

Gott ist ein treuer Herr, er bleibt immer gleich.
Er wechselt nicht mal von der einen zu einer anderen Stimmung.
Er ist immer in der gleichen Liebe.
Auf ihn kann man sich verlassen.
Und das ist ein großes Wunder.

Ich habe dieses Wunder jetzt erkannt.
Ich habe es jetzt sozusagen inhaliert.
Niemand kann mir dieses Wunder wegnehmen.

Und meine Musik auch nicht.
Sie ist da! So wie sie hineingehört im großen Haus Gottes.
Und sie singt und klingt, sie tönt –
und sie schlägt Wellen hinunter zu den Menschen.

Alles ist eine einzigartige Sinfonie
von Klängen und Verzauberungen,
von Drehungen und Wendungen.
Ja, alle Bezeichnungen gehören in die Musik hinein, die es nur gibt –
alle Gefühlsregungen.

Die Musik hält das aus – und das ist wunderbar.
Die Musik hält den Menschen aus – nicht der Mensch die Musik!
Erst kommt die Musik, dann der Mensch.

Da bin ich ganz still und ganz andächtig,
weil mich das in eine Form gibt,
die alles in mir zum Schwingen bringt,
die mich trägt, die mich hält, ohne mich einzuengen.
Das ist ein großes Wunder!

Und ich gebe euch davon, soviel ihr wollt.
Ich verkünde dieses Wunder und ich bitte euch:

Glaubt an die Liebe Gottes,
an das große Wunder, das für euch da ist.
Und freut euch über all das,
was Menschen Wunderbares in die Welt bringen können –
aber alles mit Gottes Hilfe – vergesst das nicht!

Ottorino Respighi
1879–1936

Nun, ich bin gerne bereit, mit Ihnen zu plaudern.
Es ist doch alles so leicht hier für mich.
Ich bin in gewisser Weise entlastet worden
im Moment des Übergangs.
Da ist eine große Last von mir abgefallen.
Ich hatte sie immer getragen.

Ich wollte sie immer loshaben.
Und ich war mir so sicher, das wird geschehen
in dem Moment, wenn ich sterbe.
Und dann ist das wahrhaftig geschehen!
Diese große Last war fort, einfach fort!

Ich konnte es erst nicht glauben. Ich habe gedacht,
ich bilde mir da etwas ein. Aber sie war weg.
Doch immer wieder habe ich gefürchtet,
sie wird sich wieder einschleichen.
Ich hatte sie doch immer und immer wieder gespürt.

Manchmal konnte ich sie vergessen.
Da kam ich mir vor wie ein Kind,
das sich freuen kann an einer kleinen Blume
und an dem Gesang eines Vögleins.
Aber das war dann immer viel zu schnell wieder vorbei.
Und die Last war wieder da.

Jetzt war sie weg!

Oh, wie hatte ich Gott darum gebeten, sie mir zu nehmen.
Und da hatte ich auf ihn vertraut, ganz fest.
Ich konnte mir nicht vorstellen,

dass Gott ein Interesse daran haben kann,
dass ich diese Last immer noch mit mir herumtrage.
Es hat doch eigentlich keinen Sinn ergeben.

Heute verstehe ich das alles schon viel besser.
Aber immer noch sind da Momente, wo ich erschrecke,
weil ich denke, vielleicht ist sie wieder da die Last!
Aber dann finde ich mich sofort wieder bei mir ein.

Es ist ja jetzt alles so leicht und licht für mich.
Da ist einfach nur Freude und Glück und meine Musik.
Ich bin überglücklich über die Musik hier.
Und das ist nicht nur meine Musik – es ist die Musik überhaupt.

Was ist das für ein Reichtum für die Menschen!
Am liebsten möchte ich diesen Reichtum über die Menschen sich
ergießen lassen. Ich habe da schon mit Gott gesprochen –
aber er hat abgelehnt. Er hält sich da noch bedeckt.

Und ich lache, weil ich so leicht mit ihm reden kann,
mit ihm, vor dem ich soviel Ehrfurcht hatte zu Lebzeiten.
Jetzt mache ich meine Scherze mit ihm.
Und er reagiert auf mich! Ich kann ihn zwar nicht sehen,
aber er ist irgendwie immer bei mir.

Ach, alles ist so leicht, nichts ist kompliziert.
Aber Menschen machen immer alles kompliziert.
Und das ist einfach grausam! Ja, das ist grausam!
Weil die Menschen sich damit immer
und immer wieder in Ketten legen.

Ich bin befreit! Ja, diese schwere Last –
das waren auch diese Ketten,
die mich immer wieder festgehalten haben.
Ich konnte mich nicht befreien.
Und ich musste es erdulden.

Aber meine Musik!

Sie hat mir immer wieder geholfen in einer beglückenden Weise.
Ich war nicht ängstlich wegen meiner Musik.
Ich hatte keine Angst, ob die Menschen sie annehmen,
ob sie ihnen gefällt. Mir war nur wichtig, dass ich
einverstanden war. Und das war ich!
Das hat in mir geklungen beim Entstehen und hinterher.
Ich war ein glücklicher Mensch zusammen mit meiner Musik.

Und da habe ich Gott gedankt –
da konnte ich ihm danken.
Was die Musik anbelangt –
da konnte ich mich unterordnen.

Aber das Menschsein, mein ganz natürliches Menschsein,
da gab es immer Hürden und diese Schwere,
dieses mich immer wieder in Ketten legen.
Da hatte ich keine Freiheit.

Aber ich will mich nicht beklagen.
Ich hatte die Freiheit mit meiner Musik –
und das war doch schon sehr viel!

Ja, ich weiß, Gott hat es mir gedankt,
dass ich mich ihm geöffnet habe für seine Musik –
für seine Musik.

Und diesen Dank, ich konnte ihn fühlen.
Und er hat mich immer wieder eine Weile getragen
durch die Schwere meines Lebens.

Und so bin ich froh und dankbar,
wie alles für mich abgelaufen ist.

Und jetzt?

Jetzt gibt es da nur noch Freude.
Und Sonnenschein von früh bis spät.
Und herrliches Leuchten.

Und alles ergieße ich jetzt über die Menschen –
so, wie es mir möglich ist.
Mir – zusammen mit Gott.
Oder besser: Gott durch mich hindurch.

Ich gieße Freude und Sonnenschein über die Menschen,
die sich mir zuwenden. Ja, das geht nicht so einfach.
Ohne das Zuwenden kommt da nichts an bei den Menschen.
Gott hat mir meinen Wunsch erfüllt.
Aber so wenige Menschen sind daran interessiert.

Sie sollen in meinen Tönen danach suchen,
ausspüren, genau hinhören, wenn Musik ertönt,
die aus mir heraus komponiert worden ist.

Hört genau hin, was ihr da hört.
Ich stecke in jedem Ton.
Macht die Probe. Versucht es!

Ich werde euch nicht enttäuschen.
Denn es muss über mich, durch mich gehen.
So will es dieser Gott – und ich bin ja bereit.

Meine Musik trägt den göttlichen Odem in sich –
und das ist wunderbar!

Igor Strawinsky
1882–1971

Ich bin ein Feuervogel!
Ja, so habe ich mich immer gefühlt.
Und so fühle ich mich immer noch.
Voller Drang, Töne umzusetzen in etwas,
das die Menschen mitreißt – ihnen etwas aufzeigt,
was sie in dieser Form noch nie gehört haben.

Ich bin ein Feuervogel!

Das gefällt mir!

Ich wollte nie langweilig sein!
Ich musste immer entkommen.
Ich musste mir immer etwas ausmalen.
Da war so vieles in meiner Fantasie.
Und dann musste ich es umsetzen.

Das war ein Drang in mir!

Ja, ich war beseelt von meiner Musik.
Da war mir, als ob sie in mir tanzen würde,
in mir schwingen würde,
aus mir herausdrängen würde.
Es war wie ein Vulkan in mir, den ich aber immer
wieder besänftigen konnte durch das, was ich
zum Ausdruck bringen konnte.

Ich habe gelebt für die göttliche Musik.

Und ich sage das mit aller Deutlichkeit!
Niemand sollte daran zweifeln.

Denn all das, was ich zum Klingen gebracht habe,
gehört zu den Menschen –
und die Menschen sind göttlich.

Und es dürstet die Menschen danach, sich in dem wahrzunehmen,
was da in ihnen ist – und auch an die Oberfläche möchte.
Sie dürsten nach Befreiung!
Und dabei konnte und kann ich den Menschen helfen.

Ich sehe, wie die Menschen sich einengen,
wie sie oft nur in einem kleinen Umfeld sich bewegen.
Aber nicht weiter, das könnte gefährlich sein.

Sie fürchten um ihr Leben.

Aber so können sie ja gar nicht erst einmal anfangen zu leben.
So halten sie ihre Gefühle wie in einer Zwangsjacke.
Oder wenn sie dann herauswollen, passen sie nicht auf,
gehen sie über das Maß hinaus.

Sie können kein Maß halten!
Weder in der einen noch in der anderen Richtung.

Hört auf das, was ich sage!

Ich bin so froh, weil ich das Maß immer finden konnte.
Und wer hat mir dabei geholfen?

Ich habe diese innere Kraft immer gespürt.
Und auch wenn ich manchmal unsicher war,
weiß ich, dass sie mich geleitet hat.
Sie hat mir sozusagen erlaubt, so weit zu gehen,
wie ich es gemacht habe –
so weit zu gehen für mich und die Menschen –
quasi im Auftrag Gottes.

Ich war sozusagen ein Feuervogel,
der sich im Auftrag Gottes
zu den Menschen herabbegeben hat.

Das ist mächtig!
Das ist farbig!
Das ist sprühend!
Das ist wie ein Vulkan!

Aber der Vulkan hat nicht zerstört.
Er hat die Menschen nicht überschüttet mit Lava
und hat alles zugedeckt.
Nein, er macht die Menschen wach –
sie wachen auf!

Ich bin noch immer ganz erregt von dieser Freude,
die da auch immer in mir war.
Und immer noch möchte ich weiterkomponieren,
kommen da die Klänge aus mir heraus.

Aber ich muss mich jetzt erst einmal bescheiden.
Ich weiß es. Ich habe hier eine gute Position.
An dem Platz, an dem ich stehe, fühle ich mich gut.
Ich muss mich nicht anstrengen.
Ich muss mich nicht auseinandersetzen.
Ich muss mich nicht verteidigen.
Ich kann einfach so sein wie ich bin –
mit meinem musikalischen Schaffen –
mit meiner göttlichen Aufgabe.

Und da lache ich Gott an,
so wie man Gott anlachen kann.

Ich spüre nur Freude,
Zufriedenheit,

Dankbarkeit
und ein großes Glück.

Ich bin voller Glück.

Und alle, die mich spüren wollen, können mich so spüren:
überschäumend und trotzdem gebremst,
das Innere berührend, in die Tiefe gehend,
den Menschen in der Tiefe berührend.

Das ist es, was ich wollte –
und was ich auch weiterhin mir wünsche:
dass meine Musik den Menschen in dieser Weise
nahe gebracht wird.

Und da schaue ich auf die vielen Aufführungen.
Und meistens bin ich ganz zufrieden.
Und wenn da ein Dirigent sein Orchester auf besondere Weise
in den Händen hält und es wie mit unsichtbarer Hand leitet im
Sinne meiner Kompositionen, dann ströme ich hinein in ihn.
Dann kann er etwas fühlen.
Dann wird er auch etwas fühlen, das einfach mit ihm geschieht.
Dann verbinde ich das Göttliche in meiner Musik mit ihm –
und es strömt in die Interpretation.

Ist das nicht wunderbar?

Ja, ich staune!

Ich staune immer wieder, was da alles an Musik
um mich herum singt und klingt.
Und ich denke mir: Wenn die Menschen sich doch auch so
mit Musik umgeben könnten.

Da geschieht noch zu wenig.
Und viel zu viel ohne den notwendigen Impuls.

Da ist zu viel äußeres Gehabe, soviel Aufwand!
Es müsste einfach alles viel einfacher gehen.
Menschen kommen zusammen, um Musik zu hören.

Nun, da kann noch einiges geschehen,
wird auch noch einiges geschehen.
Ich wünsche es mir.
Und ich gebe jedem, der mich in meinem Sinne vertritt,
das notwendige Potential – ich habe genug.

Hier in dem Raum, von dem aus ich jetzt wirke,
bekomme ich Flügel, wird mir Kraft verliehen,
wie ich sie zu Lebzeiten nicht hatte –
bin ich ein Feuervogel von einer großen Präsenz.

Wie mich das froh macht!
Wie mich das freut!
Wie mich das ehrt!
Wie ich dafür in tiefer Dankbarkeit verweile –
immer und immer wieder.

Die Dankbarkeit ist immer wieder mein Fundament,
damit alles die richtige Richtung bekommt –
damit die Zukunft der Musik gesichert ist.

Ja, das klingt eigenartig, aber es ist so:
Viele Menschen vergessen Musik.
Sie haben Angst, zu verhungern und zu verdursten.
Und erkennen nicht, welche Nahrung
die Musik für die Menschen sein kann!

Zweiter Kontakt

Nun, was wollen Sie noch hören?
Was kann ich noch beitragen zum großen Wunder der Musik?

Es ist ein großes Wunder, das den Menschen ihr Leben erhellt,
wenn sie es nutzen. Wenn sie hinhören, was da gesagt wird,
was da angeboten wird.

Ja, es ist ein großes Angebot – und es kostet nichts.

Hört hin, es kostet nichts! Ihr müsst nichts dafür hergeben!
Ihr gewinnt! Ihr könnt nur dazugewinnen!
Die Menschen haben immer diese große Angst,
nicht genug zu haben und fürchten sich,
dass man ihnen nimmt von dem Wenigen, was sie haben.

Aber sie haben nicht wenig, sie haben viel!
Sie sind gefüllt mit allem Wunderbaren!
Aber davor haben die Menschen Angst –
Angst davor, zu leben, wirklich zu leben.

Hört auf das, was wir dazu sagen.
Und eure Angst kann dahinschwinden
und sich in Nichts auflösen.
Einfach so!

Und da lache ich.

Macht es euch doch nicht zu schwer, ich bitte euch alle!
Macht es euch nicht zu schwer. Es tut weh!
Irgendwie tut es auch uns weh, weil wir uns damit
abfinden müssen, dass wir das nicht ändern können.

Wir können soviel zur Verfügung stellen,
aber der Wille, die Bereitschaft, es anzunehmen,
sie müssen von euch kommen.

Fürchtet euch nicht!

Und ich denke mir, wer wird sich denn vor mir fürchten?
Oder vor all den anderen?

Dazu gibt es überhaupt keinen Grund.
Wir schaden euch nicht.

Wir können gar keinen Schaden mehr anrichten.
Das geht gar nicht, weil die Musik –
weil Gott unser Fundament ist.

Und ich lache Dich an,
Dich, der Du gerade meine Worte liest –
und dann freue dich zusammen mit mir.

Wir sind dann wie zwei übermütige Kinder,
die sich einfach nur freuen –
weil das Leben soviel Schönes bereithält.

Paul Hindemith

1895–1963

Ich schlafe hier noch irgendwie und ich träume.
Ich träume immer noch meinen Traum.
Den Traum vom großen Komponisten,
der sie alle überragt die anderen.

Aber ach, es war ja nicht so.
Irgendwie hatte ich das Gefühl,
musste ich mir immer alles mühsam erkaufen.
Und andere hatten es leicht.
Denen ist das Glück einfach in die Taschen gefallen.
Die mussten nicht mal die Hände aufhalten.

Bei mir war alles immer irgendwie karg.
Und dann aber auch wieder nicht.
Dann war da ein dauerndes Singen und Klingen in mir.
Und das musste dann heraus.
Dann kamen Klänge aus mir heraus,
die ich so gar nicht in meinen Gedanken konzipiert hatte.
Sie kamen einfach. Sie sind aus mir herausgelaufen.

Und dann habe ich die Noten wie kleine Figuren gesehen,
die aus mir herauswollten. Und ich habe sie herausgelassen.
Und dann sind Werke von Bedeutung entstanden.
Das weiß ich, ja, ich hätte ruhig mit mir zufrieden sein können.
Aber ich wollte eigentlich mehr. Ich war nicht zufrieden.
Ich war mit Gott im Hader, warum er mir nicht alles leichter
gemacht hat, warum er mir nicht das geben wollte,
was mir zustand!

Ach, heute weiß ich, dass alles so seine Bedeutung hatte.
Ich hätte mich nur wohl fühlen sollen auf meinem Platz.

Ich war ein wichtiger Teil der Musik, ein wichtiger Teil aller Musik.
Ich durfte nicht fehlen. Ich hatte eine große Bedeutung.

Und da staune ich immer wieder, wenn ich das höre.
Und dann kann ich es nicht glauben.
Und dann fange ich wieder an zu träumen.
Ach, ich will mich noch nicht so richtig einfinden.
Ich war einfach nicht zufrieden.
Und das nagt immer noch an mir.

Und ich erschrecke, weil sich das nicht gut anfühlt.
Das macht ja krank!
Das nimmt ja jede Lebensfreude!

Ich wollte mich doch freuen im Leben.
Ich wollte der große Genießer sein.
Ich wollte ein Frauenfreund sein –
Frauen sollten mir zu Füßen liegen.

Aber nichts dergleichen war für dieses Leben gedacht –
ich hätte mich nur fügen müssen.

Und da bin ich mit einem Male dankbar. Ja, Dankbarkeit!
Ich hatte mich immer wieder angenähert.
Aber dann ist mir das Wort immer wieder zwischen
den Lippen zersprungen.
Und es ist nicht in mein Gefühl eingedrungen.

Aber jetzt spüre ich eine tiefe Dankbarkeit. Sie füllt mich aus.
Und ich schaue auf mein Werk und ich freue mich.
Ja, ich freue mich über das, was ich da geschaffen habe.
Alles hatte so seine Bedeutung!

Ich fange an, an mich zu glauben.
Ich fange an, zufrieden zu sein.
Leicht fühle ich mich.

Mir ist, als ob ich schwebe, aber nicht abhebe,
sondern frei und froh bin.
Ein herrliches Gefühl!
So hätte ich mich zu Lebzeiten fühlen wollen.
Aber es ist mir nicht gelungen.

Doch jetzt fühle ich eine große Entlastung.
Ich fühle mich wie neugeboren.
Ich bin neu geboren!
Jetzt reihe ich mich ein in den Kreis der Komponisten.

Ich muss mich nicht kleiner fühlen.
Ich muss mich nicht schlecht machen.
Ich bin ein Komponist, der eine wichtige Bedeutung hatte –
und immer noch hat – immer noch hat?

Aber ich spüre es!
Meine Musik, sie reiht sich ein, sie klingt.
Und ich klinge mit meiner Musik.

Ich will allen Musikschaffenden Mut machen, mit dem,
was ihre Aufgabe im Reich der Musik ist, zufrieden zu sein –
nicht nach den Sternen greifen zu wollen,
weil sie sich als dunkle Wesen entpuppen,
die das Leben verdüstern.

Es können nicht alle Bachs und Mozarts sein –
wozu auch? Es braucht auch die anderen.

Und ich weiß, dass ich mich nicht herauslüge mit dem,
was ich da sage. Ich spüre es.
Es ist das, was es ist.
Es ist das, was ich bin.

Ich bin. Und so wie ich war, war ich richtig auf der Welt.
Ich habe nur versäumt, mir mein Leben leichter zu machen.

Da ist doch alles vorhanden, was man als Mensch braucht,
um glücklich zu sein.

Jetzt bin ich glücklich.

Und dankbar knie ich nieder.

Ich fühle die Gnade, die mir zuteil geworden ist.
Sie war immer für mich da.
Aber ich konnte sie nicht erkennen.

Aber jetzt!

Und ich lache und singe es hinunter in die Welt:

„Ich bin ab heute der heitere Hindemith."

Zweiter Kontakt

Nun, es gibt noch so vieles zu sagen, was mich bewegt,
wenn ich hinunter schaue auf die Menschen.
Wie sie sich ihr Leben schwer machen.
Wie sie nach Glück und Anerkennung dort suchen,
wo sie nichts finden werden.

Sie verlaufen sich!

Ich möchte sie aufhalten, ihnen aufzeigen,
was sie da immer wieder in die Dunkelheit hinein geraten lässt -
wie ein dauernder Sog, dem der Mensch
nur immer wieder mal entkommen kann.
Aber dann ist er wieder da unten in der Dunkelheit.
Das ist doch schrecklich!

Aber überhaupt nicht notwendig!

Das möchte ich allen Menschen sagen, die das grausame Leid
und ihr Leid immer einpacken in wunderbare Thesen:

Niemand muss leiden!
Das ist alles einfach nur ein großer Irrtum!
Das ist einfach nur Quatsch!

Aus diesem Irrtum kann sich der Mensch befreien, wenn er will.
Ich stärke den Willen der Menschen, die beginnen,
dieses Wollen in ihr Leben hineinzunehmen.
Ich stärke alle Komponisten,
die sich über ihr Leben und ihr Schaffen freuen wollen.

Ich kann sie stärken, weil ich meine Erfahrungen habe,
meine unnützen dunklen Erfahrungen.
Sie waren für nichts, für gar nichts!

Und jetzt sind sie weg, einfach fort, als wären sie nie gewesen.

Gott nimmt das alles auf und vernichtet es –
so möchte ich das sagen.
Er nimmt das alles zu sich in seiner bedingungslosen Liebe.

Und alles Gute, alles Schöne, alles Frohe und Leichte – es bleibt.
Es erfüllt den Himmel.
Es strömt zu den Menschen.
Sie können sich davon nehmen.

Und ich, ich bin ein treuer Partner für Menschen,
die sich an mich wenden.
Ja, ich kann jetzt ein treuer Partner sein.
Ich bin nicht mehr mit meinen inneren Vorstellungen
und Gedanken immerfort woanders.

Da entsteht eine innige Beziehung,
die Raum lässt –

die frei macht –
die öffnet –
die die Herzen öffnet –
für die Musik und für die Liebe.

George Gershwin
1898–1937

Ich bin wie ich bin und niemals hätte ich anders sein wollen.
Ich habe mich gelebt in allen Teilen meines So-Seins in der Musik.
Und ich bade noch in diesen Gefühlen einer trauten Vereinigung.
Ja, die Musik war meine Geliebte. Und ich war der passende Partner.

Ich klinge noch hier von früh bis spät.
Ich wandere sozusagen durch meine Musik.
Sie gibt mir Leben!
Sie gibt mir etwas, was ich sonst im Leben nicht gefunden hätte.
Wenn ich mein Leben ohne die Musik anschauen will,
dann schrecke ich lieber zurück.
Aber der Blick auf meine Musik versöhnt mich ganz schnell wieder.

Ich wusste immer, dass ich richtig liege mit meiner Musik.
So war sie gedacht. So sollte sie zu den Menschen kommen.
Da war ein Musik-Gott in mir, wie ich das nennen möchte.
Ich habe mit ihm zusammen gewirkt.
Und dann ist alles einfach so entstanden.

Ja, der *Musik-Gott* und ich, wir waren Partner.
Alle brauchen einen Partner, wenn sie etwas Gutes schaffen wollen.
Wer sich alleine hinaufreckt, der übersieht Wichtiges.
Der trennt sich von wichtigen Gefühlen.
Ja, er muss sich hochrecken. Dann wird er sich eher fremd,
weil er sich ja auch anstrengen muss.
Denn bis er da etwas sieht!?
Nun, meistens sieht er dann nur sich und sonst nichts.

Ich jedenfalls hatte meinen Musik-Gott an meiner Seite.
Und dafür war ich dankbar.
Sonst wäre ich ein einsamer Mensch gewesen.

Und ich spüre die Kälte der Einsamkeit in mir.
Ich war mir dessen immer bewusst.
Aber so konnte ich alles für mich immer wieder gut schaffen
und bin nicht verzweifelt.

Ich bin auch jetzt nicht verzweifelt.
Auch wenn ich noch immer irgendwie in meiner Musik bade und
woanders noch nicht hinschauen möchte.
Davor habe ich Angst, ja, ich muss ehrlich sein –
ich fürchte mich auch.

Aber mein Musik-Gott lächelt dann so weise,
und er lacht mich sogar aus.
Er will mich nicht verstehen!

Und da möchte ich ihm am liebsten eine runterhauen!
Da könnte ich richtig wütend werden.
Ich kann doch nichts dafür, ich habe doch Angst!
Und schnell schwinge ich mich wieder hinein in meine Musik.

Aber so kann es ja auch nicht weitergehen,
das weiß ich ja auch schon.

Und da stelle ich mich meinem Musik-Gott gegenüber –
und was sehe ich?

Da ist Musik, aber noch anderes.
Da ist ja noch viel mehr!
Da steht mir eine Lichtsäule gegenüber!
Und ich fürchte mich nicht.

Ich fülle mich mit dem Licht –
und da bin ich Mensch und Musik.
Da kann ich auf meine Musik schauen und mich freuen.
Aber ich fühle mich auch als Mensch.
Und ich wage es, den Menschen anzuschauen, der ich ja auch war.

Noch ängstlich, weil ich mich nicht wirklich wohl fühle
in meiner Haut.
Ohne meine Musik, was wäre ich denn dann?

Doch da werde ich auf einmal wach, da werde ich munter.
Da wende ich mich nicht ab von meiner Musik.
Sie ist noch da, aber jetzt bin ich der Mensch Gershwin.

Der Mensch Gershwin hat jetzt erst einmal Vorrang!

Und da möchte ich allen Komponisten dringend empfehlen,
sich nicht nur als Komponisten zu sehen –
als die Überbringer einer wichtigen Botschaft für die Menschen,
sondern in erster Linie als Mensch mit einer bestimmten Aufgabe,
die er sich für dieses Leben gestellt hat.

Da fühle ich Kraft und Leichtigkeit.

Und ich spüre, wie meine Musik kraftvoller werden kann,
wenn ich sie nicht so krampfhaft in mir festhalte.
Ich muss sie gehen lassen können.
Ich darf mich nicht nur über meine Musik definieren.
Dann bleibt ein kärglicher kleiner Zwerg übrig.

Nun, ich habe erkannt! Ich ändere da was.
Und ich höre Beifall und Freude um mich herum.
Und das gilt nicht meiner Musik, sondern mir.
Einfach nur mir.
Und das ist überwältigend!

Mir ist, als ob ich jetzt eine neue Dimension in mir entdeckt habe.
Eine Dimension, die mich hinausträgt,
ohne dass ich Angst haben muss, abzustürzen.

Ich bin gehalten.

Alles fügt sich zusammen, wenn Vertrauen eingekehrt ist,
das unbedingte Vertrauen in die Liebe Gottes.
Dann ist da keine Frage mehr nach dem Warum, nach dem Wieso.
Warum konnte ich nicht? Warum habe ich nicht?

Nichts war umsonst, alles war so wie es ist.
Alles fügt sich zusammen in einem Gefühl –
und das ist die Liebe.

Da ist alles so leicht, so vollkommen.
Da fühle ich mich vollkommen –
aber in der notwendigen Demut.

Ich stelle mich nicht über andere.
Ich bin einer von vielen und trotzdem der einmalige Mensch.
Jeder hat da seine Einmaligkeit.
Alles hat seinen richtigen Platz.
Und wenn die Menschen das erkennen würden,
dann würde Friede herrschen auf Erden!

Frieden in den Herzen der Menschen!

Ich möchte ein Friedensfeuer entfachen mit meiner Musik.

Ich kann das.
Und ich darf das.
Es ist meine Aufgabe!

Und froh stelle ich mich in den Dienst der göttlichen Musik.

Zweiter Kontakt

Ich möchte schon noch etwas ergänzen.
Da fehlt noch etwas Wichtiges.

Ich möchte allen Menschen danken,
die meine Musik aufgenommen haben,
so wie ich sie gedacht habe.
Das war eine große Freude für mich.
Und dankbar verneige ich mich vor denen,
die meine Musik gerne hören,
die meine Musik achten und schätzen.

Gott hat eine wunderbare Musik in mich hineingegeben.
Sie hat zu mir gepasst, so möchte ich das sagen.
Zu meinem Wesen, zu dem Menschentyp, der ich war
und immer noch irgendwie bin.

Ich freue mich immer noch, wenn meine Musik gespielt wird
und Anklang findet. So soll es auch sein.

Man sollte sie viel öfter spielen.
Sie bringt den Menschen Zuversicht und Freude.
Vergesst das nicht!
Das ist wichtig, das ist bedeutsam.

Jeder Komponist hat seine besondere Aufgabe.
Ich habe auch meine besondere Aufgabe.
Und diese Aufgabe will ich auch erfüllen –
zusammen mit meiner Musik – mit der göttlichen Musik.

Walter Jurmann

1903–1971

Ich habe nicht mehr viel zu sagen, ich habe alles gesagt.
Ich bin eher sprachlos immer wieder!
Ja, die Menschen machen mich sprachlos.
Ich kann sie nicht verstehen.
Dabei gibt es doch so viel gute Musik, so viel feine Musik.
Musik für jeden Anlass und Musik, die die Menschen
aufheitern kann, aufmuntern kann.
Aber sie hängen trotzdem alle eher trübe herum.

Ich wollte nie trübe herumhängen!
Und das ist mir auch gelungen trotz allem.
Und da möchte ich die Menschen ermuntern,
nicht wegen lauter Kleinigkeiten den Kopf hängen zu lassen
und die Tage in Trübsal vorbeigehen zu lassen.

Holt die Musik zu euch!
Holt sie in eure Wohnungen und lasst sie erklingen!

Aber die Menschen streiten lieber,
sie jammern lieber.
Sie vergessen so vieles, was Freude macht.
Manchmal denke ich mir,
sie wollen sich gar nicht wirklich freuen.

Aber Freude gehört zum Leben!
Was denn sonst bitte schön?!
Freude in vielerlei Ausformungen.

Und meine Musik, sie gehört dazu.
Ich habe sie mit Freude geschrieben.
Sie ist mir aus der Feder gesprungen, einfach so.

Und manchmal haben mich die Noten richtig angelacht.
Und ich habe mit ihnen lachen müssen.

Ja, lacht mehr, ich bitte euch, lacht doch!
Genießt den Augenblick!
Denkt nicht soviel an das, was kommen könnte!
Genießt den Moment!

Aber wer kann schon wirklich so richtig genießen?
Und da denke ich mir, konnte ich das eigentlich?
Ich gebe hier so kluge Ratschläge.
Aber wie war das bei mir?
Wie hätte ich reagiert, wenn nicht ich der Komponist, sondern
der gewesen wäre, der sich für diese Musik vielleicht interessiert?

Nun, ich klage nicht. Ich bin zufrieden mit dem,
was meiner Musik zugute gekommen ist.
Da gab es genug, die sie schätzten.
Und es gibt immer noch viele, die sie schätzen.
Eigentlich ist meine Musik zeitlos, so finde ich das jedenfalls.
Man sollte sie an den Schulen lehren.
Ja, da sollte nicht alles so streng sein,
so einseitig oder auch so oberflächlich.

Meine Lieder waren nie oberflächlich, darauf lege ich wert.
Es ist mir gut gelungen, was ich mir vorgenommen hatte.
Und da freue ich mich, da bin ich zufrieden mit mir.
Das Leben ist oft ein Rätsel. Und oft ist es ja auch schwer,
weil die Menschen so grausam sein können.

Aber mit mehr Musik würde die Welt anders aussehen.
Und da richte ich einen Appell an alle Menschen:
Macht euch mehr Musik zu Eigen in allen Bereichen!
Die meisten Politiker kennen keine Musik!
Sie hören gar nicht richtig hin.

Sie haben gar nicht die Ruhe und die Muße dafür.
Und die Mütter und ihre Kinder und die Väter und und und …

Ich möchte darüber nicht weiter sprechen,
weil das so aussieht, als ob ich besserwisserisch bin.
Das ist nicht meine Absicht.

Aber Musik ist das, was uns alle vereint.

Und das erlebe ich hier, wo ich jetzt bin, mit einer großen Freude.
Da spielt es keine Rolle, welcher Religion man angehört.
Da gibt es so etwas gar nicht. Alle Grenzen sind wie weggewischt.
Aber unsere eigene Art, meine Individualität, die bleibt mir.
Die gehört zu mir! Aber ohne Grenzen, die ich durch meine Religion
aufstelle, oder die andere aufstellen.

Das ist es, wohin die Menschen schauen sollen:
Alle Grenzen sind wie weggewischt!

Und vielleicht gelingt das auch?
Ich bin da zuversichtlich.

Zweiter Kontakt

Nun, ein wenig wundere ich mich schon über mich selbst,
wie ich mich hier verhalte. Mir ist da immer so, als ob ich abwarte,
was da jetzt noch passiert. Da muss sich doch etwas ändern!
Und ich möchte dann auch etwas dazu beitragen.
Aber so richtig weiß ich nicht was und wie.

Was soll das nur alles, was sich da in den Menschen abspielt?!
Wohin soll das noch führen?
Sie haben doch genug Schreckliches erlebt!
Mir scheint, sie können nicht genug davon bekommen.

Ich möchte die Menschen anschreien, damit sie aufwachen,
damit sie hören, damit sie nicht so weitermachen.
Aber sie sind oft wie von finsteren Geistern vereinnahmt.
Sie sind gar nicht wirklich als die Menschen erkennbar, die sie sind.
Und manchmal macht mir das noch richtig Angst.

Ich weiß, für alle Menschen ist gesorgt.
Aber so, wie das alles damals nicht zu stoppen war?
Es hat sich nicht stoppen lassen!

Ich spreche hier manchmal mit diesem Hitler,
den ihr so verabscheut, den ihr schuldig sprecht,
den ihr zu einem Teufel macht.
Aber die Menschen sind auch Teufel.
Sie schließen immer wieder geheime Bündnisse.
Sie merken das nur gar nicht.
Sie lassen sich vereinnahmen von falschen Gedankengütern,
sie übernehmen – ihr Eigenes lassen sie verkommen.

Hört auf eure Stimme, die Stimme eurer Seele.
Die Seele ist die einzige wirkliche Vertraute der Menschen.
Glaubt mir, was ich da sage, es stimmt.

Geht euren eigenen Weg!

Lasst euch nicht hineinziehen in alles, was da geschrieben wird –
womit sich andere wichtig tun.

Jeder Mensch trägt sein eigenes Wissen in sich.
Und mit diesem Wissen ist er in Verbindung mit seiner Seele –
und in Verbindung mit Gott.

Glaubt mir, es gibt nichts anderes.
Vertraut auf euer Menschsein, auf eure innere Weisheit.
Ich helfe euch dabei.

Ich bin bereit, euch zu berühren,
euch meine Hand auf die Schulter zu legen,
damit ihr vertrauen könnt –
und keine Angst habt vor eurer Seele.

Und dann wendet euch eurer Seele zu
und hört auf das, was sie euch sagt.
Dann habt ihr gewonnen – wunderbar gewonnen.

Wir alle wollen gewinnen.
Wir wollen nicht verlorengehen.
Und wir werden nicht verlorengehen!

Und da möchte ich gleich eine Melodie der Zuversicht
komponieren, aber das, was da ist, muss genügen.

Ihr werdet nur neue Töne entdecken,
neue Färbungen, wenn ihr sie mit
dem Wissen über eure Seele hört –
und mit dem Wissen über das,
was ich euch hier mitteilen konnte.

Oh, wie mich das freut!

György Ligeti
1923–2006

Ich habe mich bemüht, ich habe mich angestrengt.
Ich habe alles gegeben, was ich zur Verfügung hatte.
Ja, das kann ich von mir sagen.
Ich habe meiner Musik gedient.

Ja, es war meine eigene Musik,
die sich da aus mir heraus entwickelt hat.
Meine Musik.
Und ich sage das ganz andächtig.
Weil ich immer noch staune über das, was da möglich war.
Und ich bin mit mir zufrieden.

Das klingt vielleicht befremdlich, wenn ich das so sage:
Ich bin mit mir zufrieden.
Aber ich habe genau das möglich gemacht, was möglich war.
Es hat keine andere Möglichkeit für mich gegeben.

Ich habe mich an den Auftrag gehalten, den ich von Gott
erhalten habe. Ja, meine Seele war immer bei mir.
Ich habe sie immer gefühlt. Stellt euch das vor!

Heute weiß ich, welchen Wert das für mich hatte,
dass ich da so verbunden war mit meiner Seele.
Dass ich auch nicht daran gezweifelt habe, dass da etwas ist,
das mich leitet, das mir hilft, mich zu zeigen, mich auszudrücken.

Das hat mir geholfen, mir treu zu bleiben.

Denn es war nicht immer leicht, sich durchzusetzen,
so wie ich es gemacht habe – das kann ich wohl sagen!
Manchmal dachte ich mir, ach was, lass das doch,

mach dir alles einfacher, schau nach etwas anderem.
Aber das konnte ich dann nicht.

Es war wie ein innerer Befehl, der mich gelenkt hat.
Dieser inneren Stimme bin ich gefolgt.

Und jetzt schaue ich voller Freude auf mein Werk.

Mehr brauche ich noch nicht. Das ist erst einmal alles,
womit ich mich beschäftige, was meine Musik betrifft.

Da ist noch mein Leben, das andere Leben,
das irgendwie auch immer mit meiner Musik verbunden war,
denn ganz konnte ich das nie trennen.
Da gibt es noch einiges genauer zu betrachten.
Aber ich halte durch, ich bleibe mir treu.
Ich will mich noch sozusagen läutern.

Und dann möchte ich meine Musik überarbeiten.
Ja, davon träume ich im Moment.
Irgendetwas hat mir immer gefehlt.
Und das möchte ich noch herausfinden.

Ich bin so begierig auf Neues!
Und ich finde bestimmt junge Musiker,
die bei diesem Projekt mitmachen.

Ich freue mich schon darauf.
Aber erst noch etwas Geduld.
Ich brauche noch erst einmal Zeit für mich.

Zweiter Kontakt

Nun – es ist alles um mich herum wie ein großes Meer.
Die Wellen rauschen und ich schwimme auf dem Meer.

Ich habe keine Angst, unterzugehen.
Ich bin gehalten.

Ihr könnt auch von mir sagen: Der Ligeti kann
auf dem Wasser laufen, ohne unterzugehen.
Ja, so fühle ich mich. Und alles ist leicht und klingt.

Es klingt noch viel mehr, als ich es mir jemals hätte
vorstellen können. Alles ist Klang!

Aber nicht bedrohlich, nicht einmal laut.
Es passt einfach. Es hat den notwendigen Rahmen.
Die Musik hier weiß ihre Grenzen zu wahren,
weil sie göttlich geworden ist.

Aber sie war doch schon göttlich, als wir sie komponiert haben?
Was sagt das?

Nun, es kommt da schon noch etwas hinzu.
Denn der Komponist hat ja auch eine Bedeutung.
Er geht ja mit der Musik.
Und so, wie er sich verändert,
seine Persönlichkeit von Ballast befreit,
sich aus dem Gefängnis seiner dunklen Gefühle befreit,
so verändert sich auch noch die Musik.
Die Färbung verändert sich.
Sie klingt, als ob jemand in alles wie mit einem Zauberstab
glitzernde kleine Funken beigemischt hat.
Kling, kling!

Ich muss lachen. Und das bei meiner Musik?

Ja, das auch bei meiner Musik.
Sie bekommt eine gewisse Leichtigkeit,
eine ganz sanfte neue Färbung.
Eigentlich kaum spürbar und doch von großer Bedeutung.

Mich macht das glücklich, weil es das ist,
wonach ich mich zu Lebzeiten immer gesehnt hatte.
Und jetzt ist es da!

Ich bin befreit! Meine Musik ist befreit!
Meine Musik hat sich auf eine besondere Weise
für die Menschen geöffnet.

Und Dankbarkeit erfüllt mich, weil alles,
was diese Vollkommenheit erlangt aus dem Göttlichen,
den Menschen dient – die Menschen heilt,
ihnen das Leben ermöglicht, ihnen das Leben erhellt.

Und ich hoffe, dass viele meine Stimme vernehmen!

Ich bin zu Tränen gerührt.
Es sind sanfte Tränen.
Es sind Tränen der Erleichterung –
und Tränen eines tiefen inneren Glücks.

Dritter Kontakt

Ich habe mich eingefunden jetzt mit allem, was zu mir gehört.
Ich habe alle Lücken schließen können.
Es ist ein Prozess, den der Verstorbene durchläuft,
aber alles ist zu seinem Nutzen.
Nichts Böses kann dazwischenfunken.

Da sind wir geschützt – wunderbar!
Wir sind von einer liebevollen Schutzhülle umfangen.

Als Mensch ist das nicht so einfach.
Als Mensch muss man sich das vorstellen.
Und man kann es auch *fühlen*, dass es so ist –
und es ist auch so.

Aber der Mensch wird immer wieder viel zu schnell abgelenkt.
Denn er ist Mensch mit allem, was dazugehört,
wenn man auf der Erde lebt.

Da haben wir es leichter.

Also grämt euch nicht, wenn ihr glaubt,
ihr macht es nicht so gut wie wir.
Das hat überhaupt keine Bedeutung!
Weil es so ist, wie ich es euch erklärt habe.

Drum macht euch nicht klein,
wenn ihr glaubt, noch nicht so weit zu sein.

Es geht gar nicht anders,
weil ihr noch als Menschen auf der Erde seid.
Und so soll es ja auch sein.
Sonst braucht es ja diese anderen Bereiche gar nicht.

Ja, für alles ist so gut gesorgt.
Alles hat seinen Platz.
Nichts ist verkehrt.
Nichts ist ungerecht.

Gott ist der Hüter über allen.
Er wacht über uns.
Auf ihn können wir uns verlassen.
Aber unser Teil, der, der von uns zu erwarten ist,
der darf dabei nicht fehlen,
sonst geht die Rechnung nicht auf.

Und das erleben viele Menschen,
weil sie nur erwarten,
weil sie haben wollen,
weil sie glauben, es steht ihnen zu!

Nichts steht euch zu! Ihr habt alles.
Aber ob ihr es nutzt und wie ihr es nutzt,
das liegt in den Händen der Menschen.

Das ist doch einleuchtend. Ja, das ist gerecht.

Gott ist ein gerechter Hüter über allen.
Ihm kann man sich anvertrauen.
Auch wenn er nicht das ist, was man gerne von ihm möchte,
auch wenn man ihn nicht anfassen kann, ihn sich nicht
nach seinen eigenen Vorstellungen formen kann.

Nein! Gott hat da seinen ganz eigenen Kopf.
Und da sage ich: „Gott sei Dank."

Dirigenten

Göttliche Einführung

Gott: »Dirigenten sind Menschen, die wahrhaft Großes vollbringen.
Sie haben die Kraft des Göttlichen in sich.
Aber ob sie sie nutzen, ob sie sie fließen lassen,
oder ob sie sich verlieren in der Hetze des Geschehens,
das hängt manchmal auch von der Tagesform ab.

Aber ich sehe da viele neue Dirigenten – sie wachsen heran.
Sie haben die Demut!

Sie lassen neue Klänge sich hervorheben zu den Zuhörern.
Da klingt eine bekannte Sinfonie neuartig.
Da kommen Färbungen zum Vorschein,
die bisher noch niemand entdeckt hatte.
Ja, es geschieht schon so vieles, so vieles.

Aber es ist noch zu wenig, viel zu wenig!

Aber seid nicht verzagt, wenn ich da scheinbar so streng daherrede.
Nein, so ist das nicht gemeint.
Aber es soll ein Wachrütteln durch die musikalische Menge gehen,
ja, ein Wachrütteln!

Und wenn jeder ein wenig nachdenkt über das,
was hier mitgeteilt wird,
dann kann sich etwas verändern zum Wohle der Menschen.
Ja, zum Wohle der Menschen!

Es ist eine große Aufgabe, die Musik zu gestalten
als Orchester-Dirigent.
So viele verschiedene Vorstellungen sind da in den Musikern.

Aber alles muss in eine gemeinsame Form gebracht werden.

Wenn die Musiker nicht folgen wollen, wenn sie glauben, sie
wissen es besser, oder wenn sie in einen nicht gleich so sichtbaren
Widerstand eintreten, dann wird es der Dirigent schwer haben.
Er verausgabt sich.
Und das Ergebnis ist nicht das,
was er sich eigentlich vorgestellt hat –
aber auch nicht das, was sich die Musiker vorgestellt haben.

Es herrscht Unzufriedenheit!

Über diese Unzufriedenheit wird oft nicht gesprochen.
Man will ja nicht, dass der Erfolg dadurch vermindert wird.
Es war in der Regel gut und ein Erfolg!
Das Publikum war zufrieden, nun was soll's! Weiter so!

Aber das bringt keinen Segen, überhaupt keinen Segen!
Es ist mühsam. Es macht müde.
Es schwächt Dirigenten und Musiker.
Und das Publikum nimmt nichts mit nach Hause.
Es hat nur Geld ausgegeben und die Zeit rumgebracht.«

Und die Komponisten ergänzen:
„Ja, so heftig möchten wir das auch sagen.
Wir sehen das doch alle.
Lasst euch das Zepter nicht aus der Hand nehmen.
Aber ihr müsst auch vorher wissen, was ihr wollt.

Aber Achtung! Niemals mit Gewalt!
Sondern die Zügel locker lassen.
Ja, die Musiker glauben, sie haben ihre Freiheit –
und trotzdem sind sie am Zügel.
Und wenn dann noch der Komponist ein Wörtchen mitreden darf,
und das kann er, wenn die Zügel locker gelassen sind,
dann kann wahrhaft gute Musik ertönen.

Frei sein – sich frei fühlen –
und trotzdem nicht den Boden unter den Füßen verlieren.

Sich nicht von der Energie der Musiker
in einen Sog ziehen lassen –
sondern den Ton angeben!

Ja, den Ton gibt der Dirigent an – so sollte es sein!

Anders ergibt es doch gar keinen Sinn,
dass da jemand vorne steht
und sich abmüht.

Wozu dann?

Dann lasst das Orchester doch alleine spielen!

Es gibt so viele verschiedene Aufführungen.
Und es ist manchmal eine Qual
und manchmal ein Labsal.
Und manchmal liegt das Ergebnis dazwischen.

Die Qual sollte ein Ende haben.
Lieber weniger, aber mehr Leichtigkeit.

Wir haben alles im Überblick, aber nicht so,
dass wir bestimmen können.

Aber wenn uns jemand ruft und bereit ist,
sich zu verbünden, sich nicht über uns zu stellen,
nicht der Macher sein zu wollen,
sondern der, der den richtigen Ton angibt –
dann sind wir bereit."

Herbert von Karajan
1908–1989

Ach, wenn ich doch noch mal hinunter kommen könnte
auf diese schöne Erde. Ich habe sie ja gar nicht ausgekostet!
Da gab es doch noch so viel, was ich erkunden wollte.
Aber dann ging es nicht mehr. Ich wurde immer weniger.
Ich habe es gefühlt, wie ich innerlich abgenommen hatte,
bis mein Lebensodem verbraucht war. Das war das Ende.

Ich begehre immer noch auf gegen dieses Ende.
Ich habe mich ja immer noch nicht beruhigt.
Es ist immer noch ein solcher Drang in mir, die göttliche Musik,
Gottes Musik unter die Menschen zu bringen.
Ich wusste, ICH war auserkoren dafür!
Ich war derjenige, den Gott bevorzugt in die Welt gesetzt hatte.
Und jetzt erschrecke ich schon oft über meine „Vorzüglichkeit",
die ich mir als Mensch immer wieder zurechtgelegt habe.

Ja, ICH war vorzüglich!
ICH durfte mir nehmen!
Alle hatten sie MIR zu dienen!
ICH hatte es verdient!

Und ich stehe immer noch da und möchte alle zu mir holen.
Und dann dirigiere ich sie wieder.
Ja, sie haben mir zu folgen!
Wir wollen schaffen, was noch nie jemand geschafft hat.
Wir wollen die Musik zu allen Menschen bringen,
damit sie das Göttliche spüren, damit sie göttlich werden

Da erschrecke ich über mich – das Göttliche durch mich hindurch?

Ja, ich habe es durch mich hindurchfließen lassen.
Und das war herrlich.
Da musste ich alles Äußere ablegen, einfach weg!
Und dann habe ich mich mit Gott in Verbindung gesetzt.

Meine Augen haben Gott gesehen!

Ich war beseelt von der göttlichen Botschaft,
den Menschen die heilende Musik zu bringen.
Glauben Sie mir, keinen Moment meines Lebens
habe ich wirklich an mich gedacht.
Ich war ein eigenwilliger Mensch,
aber wirklich an mich gedacht habe ich nie.

Mir ging es mehr um die göttliche Musik.
Aber da hat mich niemand verstanden.
Da war ich oft alleine gelassen.
Da habe ich mich oft so einsam gefühlt, das war nicht schön.

Aber ich habe den Faden zu Gott immer wieder aufnehmen können.

Und jetzt, ich weiß nicht, was ich von mir halten soll?
Ich wäre gerne wieder auf der Erde.
Und dann bin ich wieder da.
Und alle würden staunen und würden verstehen, wer ich war.

Aber das geht nicht. Ich habe es schon versucht, ich kann es nicht.
Ich muss meine Grenzen erkennen und sie akzeptieren,
sonst laufe ich hier immerfort gegen eine Wand.
Ich muss meine Grenzen erkennen.

Oh, wie mir das schwer gefallen ist!
Wie mich das umgebracht hat immer wieder.
Ja, da waren sie die vielen kleinen Tode, bis es dann aus war.
Wie hat das geschmerzt, wie hat das wehgetan!
Ich bin zerbrochen, an meinem Leid zerbrochen.

Aber ich erkenne ja schon. Ich war zu sehr in meiner Vorstellungs-
welt, die den anderen nicht den notwendigen Freiraum gelassen
hat, den, den sie hätten haben können und nichts wäre schlechter
gewesen.
Aber diesen Freiraum wollte ich den Musikern nicht geben,
denn ich hatte Angst, dass sie dann die göttliche Musik verfälschen.
Und ich weiß, wovon ich spreche! Denn so ist es ja auch, wenn zu
viele an das Göttliche nicht glauben, wenn da eine Übermacht ist.
Das habe ich zu spüren bekommen, ganz heftig!

Dann musste ich wieder alles machen,
um die göttliche Musik gewinnen zu lassen.
Das hat mich innerlich aufgebraucht.
Da habe ich zu viel Energie verloren.
Da habe ich meine Energie innerlich verbrannt,
die ich noch so gerne für mein Leben gehabt hätte.

Es ist schön für mich, die Menschen zu sehen,
die das Göttliche in der Musik erfassen können in der Tiefe –
so wie ich sie gespürt habe.
Und da habe ich Gott treu gedient.

Gott treu dienen heißt nicht, dass das Leben leicht ist,
weil man ja nicht verstanden wird.
Und alles, was den Menschen Karajan ausgemacht hat,
wurde dann unter die Lupe genommen.
Ich habe mich oft wie ausgezogen gefühlt.

Aber ich konnte mich wehren.
Ich konnte mich abschotten.
Und dann kamen sie wieder die großen Momente!

Durch mein Leben bin ich in gewisser Weise gehetzt.
Aber in der Musik ist mir das nicht passiert.
Und da bin ich dankbar, dass ich mir treu geblieben bin.
Ja, ich habe mich nicht verbiegen lassen.

Und was glauben Sie, was da alles an Vorstellungen der Musiker
zu mir hingeschwappt ist. Der eine wollte es so, der andere so.
Das war oft ein Durcheinander.
Und ich musste darum kämpfen, alle zusammenzubekommen.

Das ist das, was einen Dirigenten ausmacht.
Alle zusammenzubekommen –
dass alles zusammenklingt –
sich emporhebt –
das göttliche Bewusstsein erklingen lässt.

Aber sie haben es mir nicht gedankt.
Sie haben mir meinen Einsatz nicht gedankt.
Sie waren undankbar!
Sie haben mich nicht geachtet.
Sie wollten nicht mehr.
Sie wollten etwas anderes.
Sie wollten sich nicht mehr drangsaliert fühlen.

Ja, ich bin falsch verstanden worden!

Aber ich wusste nicht, wie ich es ihnen besser klarmachen könnte.
Ich habe alles getan, was in meinen Möglichkeiten war.

Es ist noch so vieles in mir, was ich nicht verstehe.
Aber immer höre ich Gottes Musik.
Und immer möchte ich sie auf die Erde bringen.

Doch jetzt denke ich, ist es für mich erst einmal Zeit,
nachzulassen, auszuruhen.
Ja, zur Ruhe zu kommen, nichts mehr zu wollen.
Und ich höre, wie mir gesagt wird:
»Du hast genug geschafft!
Du kannst froh sein, zufrieden sein.
Du hast alles geschafft, was möglich war.
Mehr war nicht möglich.«

Da möchte ich aufbegehren!
Das stimmt nicht, da war noch mehr möglich!
Und ich möchte das göttliche Gesetz verstoßen,
das mir mein Leben genommen hat, dieses Leben!
Doch da beginne ich zu lächeln.
Da kommen noch andere Leben, wartet!
Ich habe noch nicht ausgedient.
Ich komme wieder!

Das gefällt mir erst einmal.

Und da denke ich mir, ein wenig ausruhen kann nicht schaden.
Eigentlich brauche ich es dringend, so dringend, ich spüre es.
Und dankbar lasse ich mich umfangen von der göttlichen Energie.
Jetzt bin nicht ich es, der sie zu den Menschen leitet.
Ich bin es, der sich jetzt umfangen lässt von der göttlichen Energie
und nur für sich nimmt. Nur für mich!

Und da freut es mich, weil ich weiß, dass die Welt verstehen wird,
dass ich gar nicht nur an mich gedacht habe.
Ich habe ja überhaupt nicht an mich gedacht.
Ich hatte mich vernachlässigt.
Oh, wie mir das jetzt deutlich wird.

Ich erschrecke!

Und alle hatte ich mit hineingezogen in diesen Raubbau!

Aber ich kann auch erkennen, was da möglich war:
Das Göttliche konnte ich nicht zerstören.
Und da sage ich: „Gott sei Dank."

Zweiter Kontakt

Nun, heute hat sich vieles schon in mir beruhigt,
hat etwas Einzug gehalten, was ich in gewisser Weise
wie eine Andacht bezeichnen möchte.

Mein Wollen und mein Sein wirken zusammen.
Und da kann ich einfach nur glücklich sein über mich
und meine Musik.
Sie hat ihren Platz im göttlichen Reich gefunden.
Und ich bin mit mir zufrieden.

Der Karajan ist zufrieden!

Nun, das hört sich fast unglaublich an. Aber so ist es!
Was sollen nur alle diese Verstiegenheiten,
die sich oft so krampfhaft der Menschen bedienen.
Ja, man ist ihnen irgendwie ausgeliefert. Man merkt gar nicht,
womit man sich das Leben unnötig schwer macht.

Jetzt können es die Jungen besser machen.
Sie können von unseren Erfahrungen lernen!
Ja, ich möchte meine Erfahrungen weitergeben.
Ich möchte verhindern, dass Energie, gute Lebensenergie verpufft,
für nichts ausgegeben wird.

Ich stelle mich zur Verfügung.
Und ich freue mich über jeden jungen Dirigenten,
der sich an mich wendet,
der etwas davon in sich spürt, was ich verwirklichen konnte.
Ja, er soll es auch können –
aber sein Leben darf leichter sein.

Göttlichkeit ist Leichtigkeit – aber nicht Oberflächlichkeit.
Sondern Leichtigkeit, die in Liebe eingebettet ist.
Da strömt alles ganz einfach zu den Menschen hin,

dringt in sie hinein, durchdringt sie,
füllt sie mit dem göttlichen Odem.

Und ich sehe, wie die Menschen danach dürsten.
Aber sie haben noch nicht verstanden.
Und gleichzeitig spüre ich den Wandel.
Und in diesen Wandel füge ich mich gerne ein.

Ich diene wieder der Musik, Gottes Musik.
Und ich bin im Einklang mit mir.
Mehr brauche ich nicht.
Das ist alles, was zählt für mich.

Und mein Glück kennt keine Grenzen.
Es strahlt hinunter auf die Erde zu den vielen Menschen,
die da in den Orchestern Musik machen.
Und wenn mir einer besonders gefällt,
dann tippe ich ihm ganz leicht auf die Schulter –
das tut ihm gut. Ja, einfach nur so.

Und ich denke mir, schwer haben sie es!
Das ist keine leichte Aufgabe.
Und da bin ich froh, dass ich vorne stehen durfte.
So inmitten dieser vielen Musiker –
da muss man zusehen, dass man nicht verloren geht.
Nun, jeder sucht sich das, was er mag.
Und da kann ich befreit auflachen!

Dritter Kontakt

Nun, was soll ich noch sagen, was sollte noch ergänzt werden?
Es ist ein Traum für mich in Erfüllung gegangen,
den ich schon als kleiner Junge hatte.
Der Traum, von Gott geliebt zu sein,
und das auch spüren zu können.

Oh, wie sehr hatte sich das Kind danach gesehnt, so sehr,
dass es mich fast umgebracht hätte.
Diese Sehnsucht hat an mir gezehrt mein ganzes Leben lang.

Dabei konnte ich ihn ja schon spüren!
Ich habe nur immer gedacht,
dass das noch irgendwie anders sein müsste:
majestätisch, groß, erhaben,
wie eine große lichte Wolke, die sich über mir erhebt.

Jetzt weiß ich, dass es nicht so ist.
Das ist ganz einfach,
ganz leise, ganz zart.
Und trotzdem von einer Vollkommenheit,
wie man sie nur *fühlen* kann.

Worte nützen hier wenig.

Es ist die Liebe, die alles umfängt,
ohne dass man es merkt.
Man fühlt es in der Leichtigkeit des Seins.

Die Leichtigkeit des Seins.

Sie klingt wunderbar – sie kann nicht verletzen – sie heilt.

Ich habe sie jetzt diese Leichtigkeit.
Und mit dieser Leichtigkeit erfülle ich meine Aufgaben.
Es ist der Gott durch mich hindurch.

Und die Musik, die ich dirigiere, sie tönt,
sie tönt machtvoll – und doch leise.

Das kann ein Mensch oft nicht zusammenbringen,
dass etwas machtvoll ist und doch leise.
Das scheint ein Widerspruch zu sein, ist es aber nicht.

Glaubt mir alle, es ist nicht das, was ihr euch vorstellt unter Liebe.
Glaubt mir und hört auf uns. Wir haben erkannt.
Wir haben die Qualen des Lebens durchlebt.
Und jetzt dürfen wir weitergeben von unseren Erfahrungen.
Aber ohne Besserwisserei, ohne Geringschätzung,
sondern mit der Liebe, mit der Musik.
Und so können wir helfen und heilen.

Es ist die Sinfonie der Welt, die in mir klingt.
Eine Sinfonie, die alle Musik beinhaltet.
Und ich darf dirigieren.

Ja, ich darf es. Aber ich hebe nicht ab.

Ich bin einfach nur glücklich, weil ich es fühle,
wie die Welt gerettet ist, wenn die Liebe sich zeigen kann,
weil die Liebe die Übermacht gewonnen hat.

Seid zuversichtlich und folgt uns. Ja, uns!
Ich bin nicht mehr derjenige, der irgendetwas
für sich festhalten will, behalten will,
sich in den Vordergrund stellen muss.
Ich kenne dieses Gefühl nicht mehr.

Ich bin – und so bin ich ein Teil der heilenden Musik geworden.
Und das auf vielfache Weise.

Glaubt mir, nichts ist schöner als zu leben,
ohne etwas haben zu wollen.
Es ist die Gier, die die Menschen immer wieder
von sich selbst wegdrängt.
Sie haben nie genug – sie wollen immer mehr.

Seid bescheiden – und freut euch des Lebens.

Sergiu Celibidache
1912–1996

Nun, ich bin hier in einer guten Verfassung.
Ja, der Übergang in diese andere Welt war leicht für mich.
Ich hatte keine Mühen. Ich hatte nichts zu befürchten.
Ich war mir dessen so sicher.

Ich hatte mein Leben in den Dienst gestellt dessen,
was Gott genannt wird.
Ich hatte ihn in meiner Vorstellung.
Ihm hatte ich mich gewidmet.
Ja, ich hatte mich Gott gewidmet.
Und alles andere war mir nicht so wichtig.

Ich war mir selbst nie so wichtig.
Es ging mir immer um die Musik, den Klang, um das,
was sie zum Ausdruck bringt – um das Ergebnis,
wie es für die Menschen zusammenkommt.

Aber da war oft ein Abbruch, ich konnte es spüren.
Da war ein Zusammenklingen, wie es gut war in meinen Ohren.
Es war gut. Aber es ging oft nicht weiter.
Da war auf einmal nichts mehr.
Nie konnte ich das verstehen, nie.
Aber ich habe nie aufgehört, alles zu tun,
damit dieses Abbrechen nicht zu spüren war.

Und manchmal ist mir das auch gelungen.
Es war wie magisch!
Und ich war hineingenommen in etwas Großes,
etwas, was der Mensch eigentlich nicht erfassen kann.
Und dieses Große, es hat mich hineingleiten lassen
in eine Verbindung zu dem Höchsten.

Und dann stand ich über allem.
Die Musik hatte ihre Wirkung getan –
die Verbindung zu Gott war hergestellt.

Das ist nicht so leicht.

Da kommen so leicht alle möglichen Gedanken,
die das zerstören können – auch die Gedanken,
was die eigenen Fähigkeiten betrifft.
Ich war mir oft unsicher, was mich betraf.
Aber ich wollte nicht aufgeben.

Ich konnte gar nicht aufgeben!

Ich hatte nur ein Ziel:
den Menschen das Göttliche in der Musik zu vermitteln.

Ich habe manches bewirken können, und das macht mich froh.
Und ich suche nach einem Nachfolger für mich,
einen jungen Dirigenten, der denkt wie ich.
Ich möchte ihm beistehen.
Ich möchte ihm helfen, das Höchste, das Vollkommene
im Ausdruck der göttlichen Musik zu verwirklichen.

Ich habe ihn noch nicht gefunden.
Aber ich halte meine Augen und Ohren offen.
Ich werde ihn finden.

Die Musik und die Menschen –
das ist irgendwie auch immer ein Wagnis gewesen.

Kommt es so an, wie ich es weitergebe?
Kommt es so an bei den Menschen?
Bewirkt es etwas in den Menschen?
Fließt es in die Menschen hinein in ihr Gefühl?
Und tragen sie es mit sich? Behalten sie es bei sich?

Da war ich mir oft unsicher und das zu Recht. Das weiß ich.
Ich sehe es ja, wie sie umgehen mit dem Höchsten, was es gibt,
mit der Musik und Gott. Sie sind leichtfertig!

Aber ich bin mir treu geblieben.
Ich habe mich nicht verbiegen lassen.
Und dafür bin ich mir selbst dankbar.
Das war nicht immer leicht.
Da gibt es immer wieder die Versuchungen.
Aber ich habe mich dann nicht gut gefühlt.
Und das hat mich immer wieder zu mir selbst zurückgeführt.

Nun, der Mensch Celibidache und die Musik, das war eine Einheit.
Der Mensch mit all dem, was sonst noch zum Leben gehört,
da war ich es noch nicht.

Aber Gott lächelt mich an.

Und ich fühle eine tiefe Dankbarkeit für alles,
was ich erleben durfte in meinem Leben.

Ja, es war viel!

Und es konnte mich hinübertragen
in die andere Welt, wie ich das nenne.

Diese andere Welt, sie ist voller Musik, glaubt mir!
Alles kommt hier zusammen, was an Klängen möglich ist.
Und das ist einfach nur himmlisch.

Und dankbar verneige ich mich vor der göttlichen Kraft und Liebe.
Ich fühle mich als ein Diener Gottes.
Aber nicht in unterwürfiger Weise, nein, sondern in einer Weise,
die mich Gott spüren lässt und mich mit ihm verbindet.

Die Liebe erfüllt mich voll und ganz.

Zweiter Kontakt

Nun, alles ist in Entwicklung –
auch in einer grausamen Entwicklung,
wie ich immer wieder erschrecke.
Das Gegengewicht, es ist noch viel zu schwach!
Seid euch dessen bewusst, viel zu schwach!

Es müssen mehr werden, immer mehr!
Und ich stehe da und gebe den Ton an
in der Weise, dass ich Menschen bewege,
sich in den Chor der guten Geister einzureihen.

Ja, das ist auch meine Aufgabe – und ich erfülle sie gerne.

Vielfach ist das Wirken hier aus unserem Musiker-Dasein heraus,
so vielfach, dass es ausreicht für die ganze Menschheit.
Es ist egal, wie viele Menschen auf der Welt leben.
Habt keine Angst davor, sonst werden es immer mehr.
Es ist die Angst, die die Menschen in diese Vervielfältigung treibt.
Es ist da eine besondere Angst.

Sie haben alle die Musik verloren.

Anstelle von Musik haben sie die falschen Hilfen gesetzt –
in einer unvorstellbaren Blindheit und Dummheit.
Da möchte ich aufbegehren, es ihnen ins Gesicht sagen,
deutlich werden, deutlich sein.

Viele erkennen, aber alles ist noch so verschwommen,
wird nicht nach den richtigen Mitteln gegriffen,
um der Dummheit der Menschen Einhalt zu gebieten.

Ja, der Mensch ist dumm, wenn er nicht endlich erwacht.
Wenn er nicht endlich das Bewusstsein erlangt,
das zu einem Menschen gehört. Ganz einfach so.

Es ist doch ganz einfach, aber der Mensch verkompliziert.
Und dann wieder ist ihm alles egal,
denkt er nur an sich in unguter Weise.
Verdammt er, verurteilt er, möchte er am liebsten die
anderen umbringen, wenn er könnte.

Und was davon bitte schön kann helfen, die Welt zu verändern?!

Die, die immerfort nur reden, denen sollte man endlich den Mund
verkleben und sie solange in einen dunklen Raum einsperren,
bis ihnen ihre Dummheit bewusst geworden ist.
Sie finden sonst immer wieder viel zu schnell Gleichgesonnene.
Und dann ist das Bündnis mit dem Teufel perfekt.

Die Menschen, denen es noch gut geht,
die nicht hungern müssen,
die noch genug Wasser haben,
die noch an etwas glauben können,
in denen noch ein Funke an
das Gute in den Menschen geblieben ist –
sie müssen sich zusammentun.
Und sie werden sich zusammentun!

Das walte Gott! Und alle stimmen mir zu.

Und da bin ich so dankbar, dass ich das zum Ausdruck
bringen konnte, so wie das jetzt geschehen ist.
Und Menschen werden es lesen.
Und meine Stimme wird in sie eindringen –
weil ich den Taktstock schwinge und sie folgen mir.

Das Göttliche durch mich hindurch wird sie erreichen.

Das ist doch alles so unglaublich –
und doch wieder so leicht zu verstehen.
Der Mensch muss nur wollen.

Rafael Kubelik
1914–1996

Ich habe mich noch nicht wirklich eingefunden.
Ich bin immer noch mit einem Bein auf der Erde.
Ich möchte noch nicht Abschiednehmen von meinem Schaffen –
es war doch so schön! Ja, ich war begeistert von der Musik.

Ich war begeistert davon, dass ich Musik vermitteln durfte.
Ich war begeistert davon, welche Möglichkeiten ich hatte.
Ich wollte eigentlich nie damit aufhören.
Ich konnte mir ein anderes Leben gar nicht vorstellen.

Aber dann – auf einmal – ist es, als ob man dich auseinanderreisst,
als ob man auseinandergeschnitten wird,
weil nichts mehr möglich ist,
weil du dich verabschieden musst von deinem großen Schaffen.

Ja, mein Schaffen war nicht gering,
dessen war ich mir immer gewiss.
Und ich hatte meine Anhänger. Und das habe ich genossen.
Ich habe es genossen das Publikum und die Musik.
Auch das Publikum!

Ja, wer wäre ich denn gewesen ohne mein Publikum!

Aber manchmal denke ich mir, lieber nicht so viel an das
Publikum denken, es war mir manchmal nicht ganz geheuer.
Da war mir manchmal, als ob ich gar nichts mit ihnen gemein hätte,
als ob uns gar nichts in der Musik miteinander verbunden hätte.
Manchmal war meine Musik da –
und auf der anderen Seite das Publikum.
Das war kein schönes Gefühl, aber wohl nicht so heftig,
wie ich das immer empfunden habe.

Ich hatte immer eine besondere Vorstellung von Gefühlen.
Sie sollten mich immer ganz und gar durchdringen.
Wenn mir das gelungen ist, dann war alles für mich im Einklang.
Wenn mir das nicht gelungen ist, dann war ich mit mir zerstritten.
Dann haben die Zweifel an mir genagt.
Dann dachte ich, ich war nicht gut genug.
Ich habe dem Publikum nicht gegeben, was es verdient hätte.

Ich wollte mich herschenken für mein Publikum – und sie sollten es
mir danken! Ja, das ist auch etwas Außergewöhnliches,
wenn ein Mensch sich voll hingibt.
Ich wollte eigentlich gar nichts für mich.
Ich wollte nur, dass das Publikum zufrieden ist, dass es begeistert ist.
Ich wollte es an meiner Gefühlswelt teilhaben lassen.

Jetzt verstehe ich manches da schon besser.
Jetzt weiß ich, dass das nicht so uneigennützig war,
wie ich das so gerne hinstellen möchte.
Ich wollte, dass das Publikum mir dient.
Ich wollte es ganz fest in mich hineinziehen, zu mir holen.

Ich habe die Musik für mich benutzt.

Und da erschrecke ich! Das kann so nicht stimmen!
Ich habe die Musik doch verstanden und weitergetragen.
Ich habe nichts verfälscht.

Und da frage ich, da möchte ich es jetzt genau wissen.
Wie war das mit mir? Was war da nicht so gut?
Was hätte ich anders machen sollen?
Ich habe doch alles gegeben, was mir zur Verfügung steht!

Und ich warte auf eine Antwort, aber ich bekomme keine.
Ich stehe hier ratlos herum und finde mich nicht zurecht.

Aber jetzt höre ich es. In mir sind die Stimmen, die zu mir sprechen:

»Du hast Gott vergessen – du warst dir selber Gott genug.
Du hast Gott vergessen – da hat etwas gefehlt.
Da warst du manchmal wie verloren.«

Was nun? Was ist da gewesen mit meiner Musik?
War alles umsonst? Nein, bitte nicht, bitte nicht.
Ich möchte das nicht alles umsonst gemacht haben.
Ich habe doch all meine Kraft und meine Freude,
all meine musikalische Energie hineingegeben.

Und ich warte wieder auf eine Antwort.
Und ich spüre, dass ich Angst habe,
was ich zu hören bekomme.
Hätte ich es anders machen müssen?
Habe ich mich an der Musik vergriffen?

Ich fürchte mich.

Da kommen auf einmal so viele Zweifel!
Sie werden mich töten diese Zweifel.
Ich halte sie nicht aus.

Ich habe doch genug zu tun gehabt,
meine Zweifel immer wieder zu beruhigen.
Nur nicht wieder von vorne damit anfangen.
Ich möchte, dass ich mich achten kann –
mein Leben und meine Musik, wie ich sie vermittelt habe.

Und da ist mir, als ob ich angelächelt werde.
Und ich höre es: »Alles ist gut so wie es war.
Du hast den Menschen gegeben, was sie gebraucht haben.
Du warst ihnen ein Vermittler ihrer eigenen Gefühle.
Auch das ist wichtig!
Du hast nicht gestrebt nach der Durchdringung
von Gott in der Musik.
Und dein Publikum hat dir dafür gedankt.«

Und da erinnere ich mich an die vielen schönen Momente.
Und ich spüre die Gewissheit in mir,
dass ich mich nicht verlaufen hatte.
Und ich fange an, das Göttliche in mir zu spüren,
wie es immer bei mir war.
Ich habe es nur zu selten hervorgeholt.
Aber in gewisser Weise hat es immer mitgeklungen.
Ich war nie ganz fern von Gott!

Da bin ich erleichtert.

Da kann ich mich jetzt öffnen und dankbar auf mein Leben
schauen – dankbar und voller Freude.

Zweiter Kontakt

*Sie mussten aus gesundheitlichen Gründen mit dem Dirigieren
aufhören?*

Nun, an diese Zeit möchte ich am liebsten nicht mehr denken.
Ich habe sie mir auf meine Weise weggeschoben.
Sie gehört nicht zu mir!
Ich musste mich immer irgendwie zurechtfinden mit
meinem Leben.
Das war es nicht mehr, was ich mir unter meinem Leben
vorgestellt hatte.

Aber ich danke meinem Publikum,
das mir über so viele Jahre die Treue gehalten hat.
Ja, da bin ich von Herzen dankbar!
Das ist mir wichtig, nur das.
Alles andere ist Beiwerk.

Ich muss mich da noch mit mir auseinandersetzen,
mich da noch zurechtfinden.

Es verläuft im Leben nicht alles so, wie man es sich erhofft,
wie man es so gerne möchte.

Immer muss der Mensch sich beugen.
Und das finde ich immer noch ungerecht!

Dritter Kontakt

Nun, was soll ich heute sagen? Was kann ich heute sagen?
Da ist alles so leicht und so licht und so heiter.
Und ich laufe in dieser Lichtheit und Heiterkeit herum
wie ein Jüngling, der auf Brautschau ist.

Niemand muss da eifersüchtig sein, es geht hier um die Musik.
Ja, ich habe mehr und mehr die Musik entdeckt.
Ich bin sozusagen in die Musik vorgedrungen.
Und was ich da alles entdeckt habe!
Was sich mir da noch alles gezeigt hat!
Was für ein Reichtum, was für eine Freude!
Das war doch schon viel, was ich zu Lebzeiten hatte.
Aber jetzt ist es einfach umwerfend.
Es ist himmlisch!

Ich bin angekommen bei mir!

Immer noch ein wenig überschwänglich, aber das darf ich ruhig.
Das ist mein Naturell, und so soll ich auch erhalten bleiben.
Ich bin noch der Rafael Kubelik und ich will es auch noch bleiben.

Und was habe ich dazugelernt? Nun, was meint ihr wohl?
Wie soll ich es am besten formulieren?

Es ist der Tag am schönsten, wenn man am Morgen erwacht
und Vöglein singen vom Garten herein.
Und ich singe mit ihnen ihre Liedlein fein.

Die kleinen Gesänge, die feinen, die schönen und die reinen,
sie klingen in mir und aus mir heraus.
Und das ist jetzt mein Haus.

Und darauf kommt dann alles andere.
Alles, was ich in neuer Weise hören und weitergeben kann.

Ja, ich gebe Musik jetzt weiter mit dem Urton Gott,
so möchte ich das nennen.
Alles, was ich dirigiert habe, hat jetzt den Urton Gott –
wenn ihr genau hinhört.

Ist das nicht magisch? Einfach so.

Wer das erfasst und wer dirigieren möchte,
der wird nicht aufhören, nach diesem Urton zu suchen.

Und er kann ihn finden – ich helfe ihm dabei.

Leonard Bernstein

1918–1990

(Dirigent und Komponist)

Ich habe noch nicht genug Musik!
Ich möchte immer mehr und immer noch mehr –
und immer noch mehr.
Ich bin hier so voller Begeisterung für alle Musik,
die da um mich herum ist.
Und ich bin mit meiner Musik ein Teil dieser Musik.

Alles klingt hier ineinander. Alles klingt, nichts stört.
Alles wird hineingenommen in eine große Macht,
kommt zusammen, aber dann zerteilt sich wieder alles.
Es ist ein dauerndes Verändern hier –
das ist aufregend und schön.

Das ist himmlisch!

Ich lache, die himmlische Musik!
Und manchmal stelle ich mich in Dirigierpose.
Und dann dirigiere ich das alles. Ja, ich!

Aber ich lache.

Da bin ich ja nicht mehr als ein kleiner Kobold,
der seine Späßchen treibt. Denn ich könnte das gar nicht.
Das geht über meine Fähigkeiten hinweg.
Und ich hatte da wahrlich mehr als genug.

Ich war mit mir zufrieden, was ich da mitbekommen
hatte von diesem Herrgott.
Nun, ich war nicht immer einverstanden mit ihm.
Manchmal habe ich ihn in die Hölle gewünscht,

weil da so viel Schrecklichkeiten immer wieder in
seiner Welt waren. Ich konnte das nicht verstehen.

Aber ich habe ihm einiges zeigen können,
wie man es macht, damit es Menschen gut geht!
Und das war mir wichtig!

Ich wollte ihm beweisen,
dass Menschen Besseres können als er.
Und das ist mir gelungen!
Und da möchte ich auftrumpfen vor Begeisterung!!

Und da möchte ICH die ganze Menschheit dirigieren!

Wir machen alles besser als dieser Gott!
Wir formen eine schöne Welt.
Wir erschaffen eine neue Welt, eine, die den
Menschen dient und nicht den Menschen schadet.

Wie oft habe ich um Hilfe geschrieen,
wenn sich da so viel Schrecklichkeit gezeigt hat.
Ich habe um Hilfe geschrieen,
aber die Hilfe ist nicht gekommen.
Böse konnte ich da werden, wütend,
ja so richtig wütend!

Aber dann habe ich mich wieder gefunden
und habe mich wieder an meine Arbeit gemacht.
Ja, wenn ich die nicht gehabt hätte.
So konnte ich immer etwas aufbauen.
Ich konnte immer Lichtpunkte setzen.
Das hat mir gefallen, damit war ich glücklich.

Lichtpunkte! Lichtpunkte!

Und es gefällt mir, wie ich das jetzt zusammenfasse.
Und ich sehe diese Lichtpunkte –
und ich erkenne:
Ich konnte noch so böse auf diesen Gott sein,
aber ich hatte mich mit ihm auseinandergesetzt.
Und so war ich ihm nicht fern, oder er mir nicht fern,
oder wie das auch immer so ist.
Und ohne ihn, da hätte ich gar nicht der Bernstein sein
können, der ich war. Das spüre ich immer deutlicher.
Und das habe ich auch schon zu Lebzeiten gespürt.

Aber der Aufsässige in mir, der war nie ganz weg.
Und der Aufsässige in mir, der war es auch,
der immer wieder Neues erschaffen konnte, unermüdlich.
Alles war gut so für mich. Ich wollte es so!
Und ich bereue nichts in meinem Leben.
Und ich höre auch nur Anerkennung hier um mich herum –
man lobt mich.

Gott lobt mich. Ja, und auch viele Engel. Ja, die Engel.
Nun, ich will nicht, dass sie sich da vor mich hinstellen.
Ihre Musik ist so anders.
Ich will erst einmal nur noch meine Musik hören!
Ich brauche sie noch, sie tut mir so gut.
Die Erinnerung ist da, und sie tut mir gut.
Das freut mich.

Da ist in mir etwas zum Klingen gekommen,
das ich so bisher noch nicht kannte.
Es ist ganz leise und zart.
Ich will es jetzt in meine Musik hineinmischen.
Ich glaube, da hat mir immer noch etwas Wichtiges gefehlt.
Aber ich beherzige das jetzt.
Ich gebe dieses Gefühl jetzt nicht mehr her.

Und der Aufsässige in mir lächelt mich an und er sagt:
„Ich verabschiede mich jetzt von dir.
Du brauchst mich nicht mehr."

Erleichterung fühle ich!
Da fällt Druck von mir ab.
Da kommt Ruhe in mich hinein, himmlische Ruhe.
Aber in dieser Ruhe, da tut sich Gewaltiges.
Und mächtig klingt da die himmlische Musik –
und ich klinge mit.

Zweiter Kontakt

Ich spüre immer mehr.
Es ist wie eine gewaltige Woge,
die aber ganz zart und leise ist.

Das ist nicht so einfach zu verstehen!
Ja, Liebe kann man sowieso nicht verstehen.
Liebe kann man nicht erfassen,
nicht greifen, nicht festhalten –
das geht nicht.
Nur der Mensch, der wirklich liebt,
wird sie für sich erfassen, *fühlen* können.

Nun, ich bin jetzt hier in einer Verfassung, die mich stark macht,
die mich voller Freude herunterschauen lässt auf die Menschheit,
auch wenn sie zum Fürchten ist!

Es ist ja gar nicht dieser Gott,
der all diese Schrecklichkeiten zulässt –
und ich klage ihn auch nicht mehr an.
Ich klage aber auch die Menschen nicht an.
Denn was würde es nützen?
Gar nichts!

Ich klage nicht an –
ich bin nicht empört –
ich bin nicht verzagt.

Ich bin Musik! Und das ist alles,
was ich den Menschen geben kann.

Wer mich fühlen will, der spürt die Liebe und die Musik.
Sie fließt in ihn hinein – er kommt immer mehr bei sich an.
Er wird spüren, wie eine innere Wandlung in ihm entsteht.
Und Musik wird für ihn zu einem wahrhaft großen Ereignis –
aber angebunden an die sanften, inneren Klänge.

Der Ursprung darf nicht vergessen werden.
Darauf weise ich immer wieder hin.
Da ermahne ich immer und immer wieder.
Und das ist so wichtig!
Wie schnell gehen die Menschen über das Wichtigste hinweg,
weil es so klein und so bescheiden erscheint, so unbedeutend.
Sie treten am liebsten noch mit dem Fuß danach.

Nun, sie können immer mehr verstehen, wenn sie wollen.
Und ich helfe ihnen dabei.

Und ich lache verschmitzt.
Und ich freue mich auf Interessenten.

Sie müssen sich nur bei mir anmelden.
Meine Bürotür ist ununterbrochen geöffnet.

Dritter Kontakt

Es ist ein Sehnen in den Menschen nach Liebe.
Aber sie leiden!
Sie leiden unter einem Verbot zu lieben.

Sie glauben nicht an die Liebe, an ihre Liebe.
Sie glauben nur an ihr Leid, an die Dunkelheit,
an das Böse im Menschen.

Liebe macht ihnen Angst.
Aber diese Angst ist so unbegründet,
wie nur irgendetwas ohne Sinn und Verstand sein kann.

Ich helfe dabei, diese Angst zu mildern,
diese Angst sich auflösen zu lassen,
bis sie mehr und mehr verschwindet.

Der Bernstein und die Liebe –
auf die ist Verlass.

Singt mehr, was euch gerade so einfällt.
Ja, singt mehr!
Seid mutiger!
Geht mehr aus euch heraus!
Aber immer mit der Absicht,
euch etwas Gutes zu tun.

Es geht nicht um Perfektion, um das Können.
Es geht darum, wie ihr euch damit fühlt.
Tanzt einmal jeden Tag durch eure Wohnungen
und singt dazu, was euch gerade einfällt.

Und dann lasst es in euch nachklingen.

Ihr werdet staunen.

Ich staune nur noch – ich kenne gar nichts anderes.
Was da alles möglich ist!

Nutzt es, ich bitte euch.

Ja, der Bernstein ist sich nicht zu schade,
die Menschen um etwas zu bitten.
Dabei müssen sie mir gar nichts geben.
Sie bekommen, wenn sie auf meine Bitte hören.

Ist das nicht wunderbar!

Ich bin hier Lebendigkeit im Übermaß, aber nie abgehoben.
Davon gebe ich weiter.
Fühlt mich und dann macht es wie ich.
Springt einfach aus euch heraus –
und lacht dazu!

Und wenn das auch immer wieder erst ein wenig gequält ist,
was ihr da macht, so ist das ganz natürlich.
Es ist doch fremd für euch, es ist neu für euch.

Drum übt und übt und übt!

Und dann mit einem Mal strahlt ihr,
weil das Ergebnis bei euch angekommen ist.

So, wie es schön ist für euch –
für eure Lebendigkeit –
für eure Lebensfreude.

Und wie war das mit dem Komponieren, was sagen Sie heute dazu?

Nun, es war meine Vielfalt, die mich auch ausgemacht hat.
Meine Vielfalt! Und die möchte ich nicht missen wollen.
Sie hat zu mir gehört. Eines hat das andere ergänzt.

Aber das Dirigieren, das war ich mit allen Fasern meines Daseins.
Das Dirigieren stand für mich immer im Vordergrund,
auch wenn ich mir dessen hier und da nicht so sicher war.

Meine wichtigste Aufgabe war das Dirigieren,
den Menschen etwas nahezubringen von göttlichen Menschen –
ja, so habe ich die Komponisten immer empfunden,
die ich dirigiert habe.

Das hat mir Kraft gegeben und Durchhaltevermögen.
Denn manchmal drohte alles unter mir zusammenzubrechen.
Aber da wurde ich gehalten! Und heute weiß ich,
dass das Gott war – Gott und seine Engel –
alle zusammen!

Und da danke ich aufrichtig!

Wie hätte ich das sonst alles schaffen können?
Das geht doch gar nicht!
Das kann doch kein Mensch nur alleine aus seinem Menschsein!

Und nichts möchte ich missen aus meinem Leben, nichts,
auch wenn nicht alles so ehrenwürdig war,
wie ich mir das immer wieder eingebildet habe,
um weitermachen zu können.

Ja, der Mensch ist schon ein komplexes Wesen.
Wer da glaubt, da gibt es immer nur einen Aspekt,
nur eine Richtung, nur eine Individualität,
der täuscht sich, der engt sich ein.

Die Bescheidenheit darf da natürlich nicht fehlen!
Und da schaue ich schon noch ein wenig bekümmert auf mich.
Nun, niemand ist mir böse, das spüre ich.
Und warum sollte ich da jetzt böse mit mir sein –
im Hader mit dem Menschen Bernstein liegen?

Es gibt keinen Grund dafür!

Hört alle auf das, was ich sage:
Es gibt keinen Grund, sich klein zu machen,
sich schuldig zu fühlen,
leiden zu müssen!

Es gibt nur das eine:
Sich erkennen –
die göttliche Liebe erkennen ⸺
und sie für sich annehmen.

Karl Richter
1926–1981

Nun, ich war wie besessen von der Musik Bachs.
Ich war wie besessen, sie den Menschen zu vermitteln
in ihrer unglaublichen Schönheit und Kraft.

Das ist so unglaublich!

Das hat mich so tief ergriffen – immer und immer wieder,
dass ich es manchmal kaum ertragen konnte.
Es war so machtvoll in mir.
Ich war angefüllt von dieser Musik.
Alles wollte ich an die Menschen weitergeben, alles!

Ist es mir gelungen?

Ich weiß es immer noch nicht wirklich.
Ich zweifle immer noch an mir.
Immer war ich ein Zweifler.

Dann habe ich mir meine tiefen Erfahrungen
immer wieder klein geredet.
Ich konnte mich an den Ergebnissen nie richtig erfreuen.
Ich wusste, das war es noch nicht.
Ich musste tiefer eindringen.
Und ich wollte auch tiefer eindringen!

Heute ahne ich es schon und weiß ich es auch teilweise schon,
dass ich tief genug in alles eingedrungen bin.
Und manchmal war mir, als ob Bach zu mir gesprochen hätte.
Er hat sich mir mit Freuden zugewandt –
er hat sich wohlgefühlt mit mir.
Aber dann habe ich immer gedacht, das sind Stimmen,

die ich mir selbst einfallen lasse, um mich zu beruhigen.
Dann konnte ich nicht wirklich daran glauben.
Auch wenn mir dann war, als ob eine Hand sich liebevoll
auf meine Schulter gelegt hatte –
um mir Mut und Zuversicht zu geben.

Ich wollte in Neues vordringen!
Ich wollte Bach den Menschen schmackhaft machen.
Sie sollten ihn in sich hinein nehmen –
und dann nicht so schnell wieder verlieren.

Bachs Musik sollte die Menschen läutern.
Sie sollten bessere Menschen werden durch Bach!

Ich war schon oft erschüttert über unser Menschsein.
Und in Bachs Musik habe ich nach Erlösung gesucht –
für mich und die Menschen.

Ich habe mich ihm oft ganz nahe gefühlt.
Das war wunderbar, so wunderbar!
Aber dann waren da wieder meine Zweifel.

Ich konnte nicht wirklich glauben,
nicht wirklich an mich glauben.
Und das hat meinen frühen Tod gebracht.

Ich war immer wieder zu wenig eins mit mir.
Ich war zerstritten mit mir, das war nicht gut.
Ich fühle das ja immer deutlicher.
Ich hätte alles leichter machen müssen.
Es geht ja um das Leichte.
Aber nicht das Abgehobene oder Seichte.
Das ist damit nicht gemeint, sondern um das Leichte,
um die Liebe, mit der man an eine Sache herangeht.

Grübeln zermartert!

Da habe ich das Leid Christi gespürt.
Da dachte ich, ich muss auch leiden.
Aber die Liebe ist es, nicht das Leid,
die uns Menschen leiten soll.
Die Liebe!

Und da bin ich ganz andächtig.
Da ist mir, als ob ich mich hineinbegeben habe
in das Werk von Bach.
Und es fühlt sich so gut an.

Ich fühle mich leicht.
Ich fühle Liebe.
Oh, so viel Liebe – ich bin überwältigt.
Das reicht für die ganze Menschheit!

Und ich habe es nicht für mich erkennen können,
weil ich ein Zweifler war.

Aber jetzt spüre ich, ist das vorbei.
Ich fühle mich erleichtert und irgendwie auch erlöst.
Ich fühle mich leicht. Und ich staune.
Es ist, als ob Bachs Musik aus mir herausströmt,
sich über die Menschheit ergießt und sie heilt.
Ja, das hätte ich mir gewünscht.
Aber ich muss erkennen, dass das zu hoch gegriffen war.
Das hätte ich nie erreichen können.

Und dankbar erkenne ich, dass ich mehr erreicht hatte,
als ich mir hätte träumen lassen.
Ich darf mit mir zufrieden sein.
Ich bin mit mir zufrieden.
Und immer und immer wieder sage ich es:
„Ich bin mit mir zufrieden."

Oh, wie fühle ich mich entlastet.
Ruhe kommt in mich hinein, himmlische Ruhe.
Und in dieser himmlischen Ruhe,
da fühle ich die Liebe Gottes.

Welch ein Wunder! Und ich staune!
Ich staune nur noch über alles, was mir da widerfahren ist.

Und dankbar möchte ich allen Menschen zurufen:
Achtet auf die Liebe in der Musik!

Zweiter Kontakt

Noch bin ich der Mensch, der ich war.
Noch bin ich als dieser Mensch erkennbar.
Ich stehe noch als dieser Karl Richter zur Verfügung.
Ich vollende, was ich zu Lebzeiten noch nicht schaffen konnte.

Ich habe jetzt verstanden.

Alles ist in mich eingedrungen,
hat sich meiner erbarmt.
Ja, ich gehe mit mir um mit der Liebe zu mir.
Davon kannte ich nichts zu Lebzeiten.
Ich hatte so viel zu geben, so viel zu verschenken.
Aber mir selbst war ich nicht wohlgesonnen.

Das ist jetzt vorbei.
Der alte Richter hat ausgedient.
Diese Zweifel und die dunklen Schleier –
alle haben sie sich verflüchtigt.

Ich bin eins mit mir und eins mit Gott.

Und jetzt kann ich bewirken, weiterwirken.
Es ist nicht vorbei mit mir.
Und das freut mich.

Ich bleibe der Musik Bachs treu in gewisser Weise.
Sie erfüllt mich im Besonderen.
Und wer Bach dirigieren möchte
und bereit ist, meine Hilfe anzunehmen,
der ist bei mir an der richtigen Adresse.

Ich stehe bereit.

Ich bin ein Mittler zwischen Himmel und Erde –
so möchte ich mich bezeichnen.

Und dankbar bin ich,
wie sich alles in mir aufgetan hat –
geweitet hat –
wie da eine Freiheit in mir entstanden ist –
wie da nichts mehr wehtut –
nichts mehr verkehrt ist an mir.

Alles stimmt.
Und ich kann davon weitergeben!

Nur für mich alleine wäre hier schon alles schön
und eine wichtige Erkenntnis –
eine Entwicklung von großer Bedeutsamkeit.

Aber damit wäre ich nicht zufrieden.

Ich möchte von diesem Gefühl weitergeben.

Ich stehe bereit.

Dritter Kontakt

Ich trage doch noch einen Schmerz in meinem Herzen,
den habe ich noch nicht freigegeben.
Mir ist immer noch so, als müsste ich so viele Menschen
um Verzeihung bitten, um Verzeihung bitten dafür,
dass ich ihnen nicht alles gegeben habe,
was ich eigentlich in mir hatte.
Ich hatte ihnen meine Liebe verweigert.

Das tut weh, auch wenn ich weiß,
nichts daran kann ich mehr ändern –
es ist geschehen.
Aber es macht mich schon noch traurig.

Da möchte ich so gerne –
und dann kann ich nicht rückgängig machen.

Aber ich gebe jetzt allen von meiner Läuterung,
so möchte ich das nennen.
Meine Energie ist jetzt geläutert, ist Liebe.

Ich gebe jetzt allen von meiner Liebe –
zusammen mit dieser einmaligen Musik,
die Bach den Menschen geschenkt hat.

Ja, das ist ein großes Geschenk!
Und es gibt noch so viele große Geschenke.
Aber der Mensch will immer haben,
glaubt, er hat zu wenig.
Dabei liegen große Geschenke einfach so herum.

Aber zu wenige würdigen Geschenke, die nichts kosten.
Kennt ihr das an euch? Denkt mal nach.

Es muss immer einen Wert haben, der in Geld zu berechnen ist.

Die Liebe wird eher noch mit Füßen getreten und das tut weh.
Das tut den Kindern weh und dann auch den Großen.

Das ist das Drama der Menschheit.

Aber ich bin nicht mehr kleinmütig,
weil ich verstanden habe,
weil ich die Menschen durchschauen kann.

Sie sollen aufwachen – und ich helfe dabei.

Solisten

Göttliche Einführung

Gott: »Nun, was soll ich dazu sagen?
Was gibt es dazu zu sagen?
Da gibt es so unendlich viele, die sich berufen fühlen,
aber dem Ruf, der da ausgesendet worden ist, nicht folgen.
Sie wollen zu viel Eigenes machen.
Sie wollen zu viel von sich hineinbringen.
SIE wollen sich zeigen!

Und dann gibt es die anderen, die sich unterordnen
unter die Musik und unter Gott.
Und das ist dann das ganz Besondere.
Das ist dann das Nichtalltägliche.

Aber ich weiß es, ich weiß es!
Es werden immer mehr werden.
Die Menschen werden müde werden von
dem vielen sich abmühen.

Sich-Abmühen – auf den Erfolg schauen – zu viel Erfolg haben
wollen – immer mehr Erfolg haben wollen!

Sie werden müde und krank. Und dann kann die Katharsis folgen.

Ja, oft muss etwas im Leben der Interpreten geschehen,
etwas, was sie aus der Bahn wirft, etwas, das sie nicht
mehr so weitermachen lassen kann wie bisher.

Und dann können sie erwachen!

Ja, was soll es denn sein, bitte schön?!

Was soll denn die Menschen erreichen?
Welche Form soll es haben, welchen Klang?

Und da hetzen sie von Termin zu Termin.
Und da möchten sie sich die Musik packen,
alles hineinpacken.
Und das klingt dann nicht schlecht –
es wird sogar umjubelt!

Aber es ist nicht das, was dem Menschen seine Erfüllung gibt.
Es ist nicht das, was sich seine Seele vorgenommen hat
für dieses Leben – irgendwie bleibt er isoliert.

Ja, er bleibt isoliert vom ganz normalen Leben.

Das darf niemand vergessen!
Das hat eine große Bedeutung!
Das hat fast eine übergeordnete Bedeutung!

Die göttliche Musik, sie fügt sich dann ein wie etwas,
was ganz natürlich ist, was einfach herausströmt –
mit der Stimme oder mit dem Instrument.

Schaut auf die, die da schon weit sind,
die sich nicht einengen lassen in eine bestimmte Vorstellung,
die sich der Musik öffnen ohne Vorbehalt.
Sie grenzen sich nicht ein, sie lieben alle Musik.
Und dann suchen sie sich heraus,
was sie zum Erklingen bringen möchten –
und mit wem sie es zum Erklingen bringen möchten.

Ojemine, was da manchmal geschieht, nur um etwas in die Welt
zu bringen, von dem man so überzeugt ist.
Und alle machen mit, sie brauchen ja Anerkennung.
Sie brauchen Erfolg.
Und sie brauchen das Geld.

Für alles habe ich Verständnis.
Und niemanden klage ich an, nein!
Ich lobe alle, weil sie ihr Leben der Musik geben,
so wie es gedacht war für dieses Leben.

Aber ich bitte viele, noch zu schauen, wo ihr Platz ist.
Was ist eigentlich ihr innerstes Anliegen?
Was wartet da eigentlich noch auf Erfüllung?

Und dazu braucht es Entspannung und Zeit,
Ruhe und Genuss. Ja, Genuss!
Denn der Mensch, der man ist, der braucht seinen Raum,
seinen Freiraum, damit das Leben Freude macht,
damit man nicht krank wird,
damit der Musikbetrieb den Künstler nicht auffrisst.

Nun, ich habe viel gesagt.
Eigentlich ist es gar nicht so wichtig, was ich da sage.
Hört auf das, was die Interpreten euch zu sagen haben.
Sie wissen es besser.
Sie haben ihre eigenen Erfahrungen gemacht.
Sie können euch hilfreich zur Seite stehen.

Und das macht mich so froh, wenn ich all das sehe,
was da vorbereitet ist –
was weitergegeben wird –
was Bestand hat –
was die Menschen erreicht –
was ihnen Halt gibt –
und was den Menschen Heilung gibt.

Doch da stoppe ich mich jetzt.

Da könnte ich mich heiß reden,
wenn ich das so von mir sagen kann.
Die Musik liegt mir so sehr am Herzen!

Und da schaue ich wieder auf die Kinder.

Bitte, alle, die ihr Musikschaffende seid,
gebt den Kindern!

Wenn ihr mit den Kindern fröhlich seid
und fröhliche Musik macht, dann tut das auch euch gut.
Dann öffnet sich in euch etwas,
das aus der Kindheit noch verschlossen ist.

Öffnet euch alle immer mehr der Musik – nutzt sie zu eurer Freude!«

Sänger

Beniamino Gigli
1890–1957

Ich war ein großer Sänger und ich werde es immer bleiben.
Immer werde ich oben am Horizont stehen und leuchten.
Ich leuchte den Menschen, ich bin ihr Gott!
Nur ich ganz alleine und niemand sonst.
Ich lache alle aus, die versuchen, so berühmt zu werden wie ich.
Ich lache alle aus, die sich an mir messen wollen.
Das geht gar nicht, das können sie auch gar nicht.
Niemand kann das!
Weil ICH stehe ganz alleine ganz oben –
auf dem höchsten Sängerthron.
Na und, kann mir doch egal sein, wie es anderen geht.
Mir ist wichtig, dass ich brilliere, dass ich glänze.
Und ich hole mir meinen Ruhm immer wieder zusammen!

Manchmal nun – jetzt muss ich auf einmal auch ehrlich sein –
da bricht er mir zusammen und ich stürze gewaltig von meinem
Thron herab. Das tut weh. Da liege ich da und bin nichts wert.
Klein, elendig, wie niedergetrampelt komme ich mir vor.
So als ob auf einmal alle Bewunderer auf mir herumtreten würden.
Das ist so scheußlich. Und dann verstehe ich nicht mehr.
Was geht da nur immer wieder in mir vor? Ich singe doch für euch.
Und da bin ich der kleine Junge und da erschrecke ich.
Man hat mich nicht geachtet, man hat mich nicht bewundert.
Man hat das Kind nicht bewundert.

Und ich denke mir, ist doch egal, ist doch vorbei.
Aber ich fühle jetzt diesen Schmerz.
Ich fühle ihn ja immer wieder.
Dieser Schmerz verfolgt mich, solange ich bin.

Ich kann ihn nur beruhigen,
wenn mein Publikum mich bewundert –
wenn es mich liebt, wenn ich singe.

Aber jetzt habe ich kein Publikum mehr!
Ich spüre doch, wie ich verblasse.
Und ich erkenne doch, wie es da jetzt wunderbare Stimmen gibt.
Es gibt sie. Und alles hat sich irgendwie gewandelt.

Irgendwie hänge ich immer noch einer Zeit nach,
die es doch gar nicht mehr gibt.
Das bringt mich doch nicht voran.
Ich kann doch nicht in alten Träumen hängen bleiben!

Ich bin verwirrt, aber auch froh, einmal offen reden zu können.
Ich habe mich ja oft nicht verstanden.
Und mein Ruhm, den ich mir zusammengeholt habe,
er hat gar nicht wirklich gut geschmeckt.
Ich habe mir etwas eingebildet.
Ich bin ein eingebildetes Wesen!

Und da erschrecke ich!
Nein, nein und nochmals nein!
Das wollte ich doch nicht sein, nie!
Ich wollte ein bescheidener Künstler sein.

Aber dann kamen die Erfolge.
Dann entgleitet das alles.
Der Erfolg war mein Reichtum!

Und jetzt will ich immer noch davon leben.
Aber ich spüre es, so geht das nicht.
So darf ich nicht weitermachen.
Da fühle ich mich ja gar nicht!
Da bin ich mir fremd.
Da bin ich wie ein Wesen von einem anderen Stern.

Nun, dann leuchte ich herab von dem anderen Stern!
Und schon kann ich mir ein Bild von mir machen.
Alle sehen MICH, nur MICH! ICH bin ganz besonders,
weil ich über ALLEN stehe. Ganz egal, wo ich bin,
ICH bin der Größte! Ich bewundere MICH! ICH lächle MICH an.
ICH bin wunderbar!

Lieber bin ich gar nichts mehr, als dass ich auf diese
Bewunderung verzichte.

Aber was soll ich denn dann noch, wenn ich gar nichts mehr bin?
Ich will aber etwas sein und hoch richte ich mich auf!

Doch es fühlt sich nicht mehr gut an, irgendwie schal.
Ich muss mich jetzt verabschieden von meinem Sängerleben,
so wie es war und wie ich es jetzt für mich immer wieder hinstelle.
Ich muss mich jetzt verabschieden. Es ist genug. Ich habe genug.
Ich brauche etwas Neues. Ich will mich in Neues hineinbewegen.
Ich will der neue Beniamino Gigli werden.
Aber wie?
Wie soll ich sein?
Was wird dann aus mir?

Und ich fange an zu singen – aber ganz leise, ganz sanft.
Es sind wohltuende Klänge – und ich singe nur für mich.

Und mein Herz öffnet sich.
Die Sonne leuchtet auf mich herab.
Nicht ich bin die Sonne, die leuchtet.
Ich lasse die Sonne auf mich leuchten.

Und ich stehe da ganz ruhig
und ganz still
und ganz andächtig.

Und wieder kommen ganz sanfte Töne aus mir heraus.

Ich staune.
Was geschieht da mit mir?
Ich fühle mich, ich fühle mich so wohl.
Ich muss nicht nach den Sternen greifen.

Ich bin einfach.

Das Publikum, ich brauche es nicht.
Jetzt brauche ich nichts mehr.
Ich habe mich – aber ohne Hochmut.
Ich bin einfach.

Und um mich herum Licht und Gesänge.
Und meine sanften Töne.
Sie fügen sich ein –
ganz ruhig,
ganz selbstverständlich.
Ich bin ein Teil von allem –
und das ist ein beglückendes Gefühl.

Ich bin angekommen im Göttlichen.
Ich spüre es.
Da singt und klingt es,
da trägt es mich wie in Wellen, so sanft.
Und meine Töne, sie fließen heraus.

Ich denke nicht an Beifall.
Ich denke nur, ja, was denke ich?
Ich denke nichts mehr.

Ich bin.

Hört nicht mehr meine Stimme.
Es war gut damals, aber es ist vorbei.
Hört nicht mehr meine Stimme.

Hört auf das, was jetzt aus mir herausfließt.
Es tut so gut.

Es heilt, ich höre es, es heilt.
Ich habe mich eingefügt in den Chor der heilenden Stimmen.

Und wenn ihr sie hören wollt,
dann nehmt euch davon.
Es tut gut.

Freude ist da in mir –
ganz ruhige Freude.
Ich muss nicht mehr nach den Sternen greifen.
Ich will es auch nicht mehr.

Für mich hat etwas Neues begonnen.

Zweiter Kontakt

Manchmal bin ich überwältigt von der Schönheit der Musik,
aber dann wieder drückt mich etwas hinunter,
macht mich klein, will mich bedeutungslos machen.

Dann frage ich mich, wer das ist?
Er soll mich in Ruhe lassen.
Ich will, dass der Kerl da weggeht.
Ich fühle doch, dass das ein männliches Wesen ist.

Aber ich kann ihn nicht sehen, er zeigt sich mir nicht.
Ich fühle, wie ich ihm ausgeliefert bin.

Ich möchte schreien, ich möchte ihn anschreien,
ich möchte mich auf ihn stürzen,
ich möchte ihn umbringen.

Er folgt mir nicht, er hört nicht auf mich.
Ich weiß nicht, wer das ist.

Das fühlt sich schrecklich an.

Manchmal fühle ich mich noch wie ausgeliefert, wie hilflos,
obwohl ich doch auch schon alles im Licht fühlen und sehen kann.

Aber dann sind da diese Einbrüche, dann denke ich,
ich habe das nicht verdient, dass sich alles so gut fügt für mich.
Ich gehöre bestraft, weil ich so eingebildet war.

Ich muss noch meine Strafe absitzen.

Und dann denke ich, das ist der Teufel, der mir da wehtun möchte,
der mir wieder alles wegnehmen möchte, was ich gewonnen habe.

Aber ich will nicht, ich will nicht!

Und da bitte ich Gott, mir beizustehen, mir zu helfen, mir zu sagen,
was ich tun kann gegen den Feind da in mir.

Und da wird es gleich ruhig in mir.
Da bin ich wieder bei mir.

Und ich verstehe!

ich bin das ja selbst, der sich da immerfort schlecht macht,
klein macht, schuldig macht, sich erniedrigt.
Ich bin es selbst, weil ich denke, ich habe die Liebe Gottes
nicht verdient – ich bin es nicht wert.

Da geht mir ein Licht auf, so möchte ich das nennen.
Da beginne ich zu verstehen.

Wenn ich nicht wirklich glaube an die Liebe Gottes,
dann kann mein lichtes Gebäude wieder in sich
zusammenfallen wie ein Kartenhaus.

Ich habe verstanden.

Und gleichzeitig fühle ich mich wie aufgerichtet –
ich fühle mich gut.
Ich weiß, nicht nur ich habe gefehlt in meinem Leben,
ich gehöre da ganz einfach zu den Menschen.

Und ich weiß, ich habe viele Menschen erfreut,
ich habe vielen Menschen etwas mitgeben können.
Ich war da nicht umsonst auf der Welt.

Ich hätte mir mein Leben leichter machen können –
aber ich habe nicht.

Nun, das ist jetzt vorbei.
Ich kann doch nicht noch einmal dieses Leben durchleben.
Ich bin jetzt geöffnet nach vorne, in das, was jetzt wichtig ist.

Und ich fühle, wie Lasten von mir abfallen.
Ich hatte sie immer noch festhalten wollen.
Ich dachte, sie gehören zu mir, ich muss sie festhalten.

Aber da lacht es um mich herum, so fröhlich.
Und ich verstehe, die Lasten dürfen abfallen, sie sollen sogar.
Niemand muss leiden.

Und ich, ich helfe jetzt, Leid zu verringern.

Meine heilende Stimme, sie kann Menschen helfen,
die um Heilung bitten.

Ich kann vor allen Dingen Sängern helfen,
die Probleme mit ihrer Stimme haben,
weil sie sie überfordert haben –
und die Angst haben, nie mehr singen zu können.

Ich kann ihnen helfen,
bei sich anzukommen –
auszuruhen –
keine Angst zu haben.

Sie dürfen sich Heilung holen.
Und ich bin einer von denen, die dazu in der Lage sind.

Ich helfe Sängern, ihre Berufung leben zu können,
nicht kaputtzugehen und zu verzagen.

Das macht mich zufrieden und glücklich.
Ich kann mein Können, meine ganz individuelle Begabung
noch weiterhin nutzen.

Melde dich bei mir, wenn du Hilfe brauchst.
Das geht ganz einfach.

Ich bin für dich da!

Louis Armstrong
1901–1971

Mir geht es gut, mir geht es nur gut, solange ich hier bin.
Es gibt keine trüben Tage für mich hier.
Hier gibt es nur Freude für mich.

Himmlische Freude und himmlische Musik.

Und meine Musik, sie ist hineingemischt.
Ja, alles, was klingt, alles, was den Menschen gut tun kann,
ist hier zusammengemischt in eine gewaltige Melodie.

Ich glaube, wenn ein Mensch sie hören würde in der vollen
Lautstärke, er würde vor Schreck tot umfallen.
Aber es ist ja für alles gesorgt.
So gibt es dafür so genannte Dämpfer.
Denn sie sollen ja den Menschen zum Wohle dienen, diese Klänge.
Zur Freude, zum Glücklichsein, ja, auch zum Glücklichsein!

Denn was kann schöner sein,
als mit der göttlichen Musik vereint zu sein,
mit den göttlichen Klängen –
mit der göttlichen Liebe.

Zu Lebzeiten hatte ich einen kleinen Teil davon.
Den habe ich weitergegeben. Ja, einen kleinen Teil.
Aber ich bin deswegen nicht enttäuscht.
Es sind ja so viele Menschen auf der Erde.
Und jeder kann sich über Musik ausdrücken,
wenn er es möchte.

Viele haben gar kein Bedürfnis danach,
aber viele haben ein Bedürfnis.

Es muss einfach aus ihnen herausklingen,
weil ihre Seele das so möchte.
Ja, weil ihre Seele das so möchte.

Aber da ist kein Befehl, kein Muss.
Aber eine sanfte Mahnung, eine sanfte Berührung.
Eine sanfte aber auch eindringliche Mahnung,
sich nicht aufzugeben mit dem, was da Wunderbares
für die Menschen aus ihm herauskommen kann.

Ich habe mich oft gewundert und gestaunt, aber auch gefreut.
Und auch wenn nicht alle Tage leicht waren,
ich manchmal verzweifelt war,
so habe ich immer wieder zu meinem Gott zurückgefunden,
wenn ich gesungen habe. Ja, das habe ich gespürt.
Mit meiner Musik konnte ich eine Verbindung spüren.

Aber ohne die Musik? Das war nicht so leicht.
Ich war mir oft so unsicher. Ich hatte mich auch mit der Musik
manchmal verlaufen. Ich war ein unvollkommener Mensch.
Aber inzwischen weiß ich, dass der Mensch so ist,
und dass ich das auch für mich akzeptieren kann.

Der Mensch ist unvollkommen! Und gleichzeitig vermag er
Herrliches in die Welt zu bringen.
Das ist doch irgendwie verrückt –
aber auch berührend und tröstlich.
Denn ich weiß, der Mensch kann böse sein, so böse,
wie man es sich eigentlich gar nicht vorstellen mag.
Und wenn man dann mit der eigenen Musik diese
dunklen Schwaden ein wenig lichten kann –
und sei es für ein paar Stunden –
dann ist das doch schön!

Die Menschen sehnen sich nach Musik, die sie mit sich nimmt,
die sie trägt, mit der sie ihren Sorgen entfliehen können.

Und so war meine Musik.
Und sie klingt ja immer noch!

Und ich lächle manchmal ganz verschmitzt.
Und ich freue mich, wenn da wieder eine Musik von mir
in ein Herz eingedrungen ist.

Ja, meine Musik kann auch in Herzen eindringen,
wenn der Zuhörer achtsam ist.
Wenn er wirklich hinhört,
wenn er achtet, was da entstanden ist,
wenn er den Sänger achtet.

Nun, da gab es schon Probleme mit dem Achten.
Aber ich konnte sie auf meine Weise immer wegstecken.

Jetzt ist das alles vorbei.

Ich habe mich schnell aussöhnen können mit meinem Leben.
Und meine Musik, sie strahlt!
Sie klingt zusammen mit der göttlichen Musik,
die zusammengetragen worden ist.
Und immer wieder kommen neue Klänge dazu.
Es ist wie ein Webmuster aller göttlichen Musik.
Alles ist enthalten, was Menschen zu göttlichen Menschen macht.

Der göttliche Mensch, nun, der war ich zu Lebzeiten auch nicht.
Und ich sehe nicht viele davon.
Aber es kommt in Bewegung!

Es kommt so viel in Bewegung!

Und wenn ich mich jetzt hinstelle und für euch singen möchte
und mein Instrument erklingen lassen möchte,
dann seid gewiss, dass ihr die Engel mithören werdet.
Sie spielen mit.

Ach, alles ist irgendwie auch ein großes himmlisches Orchester.
Und in all diesen Klängen, da geschieht Wunderbares.
Ja, da geschieht immer so viel Hilfe.

Aber die Menschen, sie achten nicht, was ihnen da immer wieder
geboten wird. Sie gehen viel zu schnell an allem vorbei.
Sie denken nicht nach. Sie sind leichtfertig.

Doch es kommen bessere Zeiten.
Da bin ich mir sicher!

Und so bin ich hier gelassen und froh.
Ich kenne kein anderes Gefühl mehr.

Und da danke ich für dieses Gespräch.

Und die Menschen, die das lesen,
die bitte ich, in Kontakt zu mir zu gehen -
und zu versuchen, mich zu spüren, mich zu hören.

Meine Melodie ist eine unendliche Melodie der Freude.

Ella Fitzgerald
1917–1996

Ich habe schon einen großen Überblick
über das menschliche Geschehen.
Ich stehe in gewisser Weise schon in einer Distanz zu meinem
letzten gelebten Leben. Ich habe schon viel gewonnen –
und das ist mir auch wichtig.
Ich will nicht unnötig meine Zeit vertun.
Ich will, dass ich gut vorankomme.
Ich will, dass ich einen Sinn erfülle. Ja, das ist mir wichtig!

Und achtsam bin ich mit allem, was mich hier umgibt,
was ich hier erlebe und was ich selbst hineingebe.

Aber ich fühle mich oft noch schwer,
noch unvollkommen, noch voller Makel.
Ja, ich habe meine Leiden als Makel empfunden.
Ich war da mit Gott nicht im Einklang.
Warum hat er mir das angetan?!

Ich wollte doch strahlen mit meiner Musik – die Menschen
anstrahlen und nicht so bedürftig aussehen.
Aber ich konnte es nicht ändern.
Ich habe den Schlüssel nicht gefunden zu dem kranken Menschen!

Den Schlüssel wollte ich auch gar nicht!
Ich wollte es eigentlich nicht wahrhaben.
Und so habe ich lange gehadert mit Gott.

Ich fand alles ungerecht, was mir da an Schwerem zugefügt wurde.
Ich war doch hilflos. Ich konnte doch nichts dagegen tun!

Das war schlimm!

Heute weiß ich, dass ich sehr wohl etwas hätte tun können.
Aber zu Lebzeiten?

Ich bin wie ich bin. Immer noch eine Frau voller Zweifel,
aber mit einer außergewöhnlichen Gabe.
Das weiß ich, das ist fest in mir verankert.
Daran zweifle ich nicht, nicht einen Augenblick.

Doch dann denke ich immer:
Habe ich gut verwaltet, was mir da gegeben worden ist?
Und dann ist mir immer eher,
als ob ich mit nein antworten müsste.

Ich war nicht gut genug.
Ich habe nicht aufgepasst.
Ich hatte es nicht anders verdient,
dass es mir dann so schlecht ging.

Ich hatte es nicht anders verdient!

Das ist ein tödliches Gefühl!
Da fürchtet sich der Mensch vor Strafe.

Wofür habe ich Strafe verdient?

Und ich habe mein Leben immer und immer wieder durchforstet.
Und dann habe ich mich immer wieder verurteilt
für jede Kleinigkeit.
Ich habe immer etwas gefunden, was mich zu einem
schlechten Menschen gemacht hat.

Und so hatte ich es verdient zu leiden.

Doch ich habe gekämpft!
Ich habe nicht aufgegeben!
Aber ich war nicht zufrieden mit mir.

Es war nicht das, was ich den Menschen geben wollte.
Alles trug irgendwie einen dunklen Schein.
Ich habe nicht mehr herausgestrahlt.
Ich war nicht mehr frei.

Wie eine Gefangene bin ich mir vorgekommen,
auch wenn meine Musik mich noch immer wieder ein wenig
trösten konnte. Aber das hat nicht lange gehalten.

Ich war unglücklich! Ja, ich war unglücklich.
Und ich habe keine Hemmungen, das jetzt so zu sagen.
Ich habe mir mein Leben schwer gemacht.
Ich habe meine Gabe nicht so genutzt,
wie es für mich leicht gewesen wäre.
Ich hatte einfach zu viele Zweifel.

Nun, viele werden sagen, das ist doch gar nicht so wichtig gewesen.
Viele denken voller Hochachtung an mich und meine Musik.
Und ich weiß längst, dass auch ich Hochachtung vor mir haben darf.
Aber noch gelingt das nicht.

Und so stecke ich hier mit meiner Stimme in gewisser Weise
noch fest, kommen meine Töne noch nicht
in der Schönheit, wie ich sie in mir habe.
Ist mir immer, als ob ich es nicht verdient habe,
ist mir immer, als ob ich nur weinen müsste.
Ist mir alles dann so leid, tut mir alles so leid.
Und dann bin ich wieder nicht mehr in meiner guten Energie.

Ich erkenne ja schon, wie ich sie mir immer wieder selbst abwürge.
Und ich erschrecke, weil ich zum ersten Mal
hineinschaue in meine Kindheit.

Aber das tut mir gut, weil jetzt etwas Neues beginnen kann.
Und ich spüre, wie da eine Freude um mich herum ist.
Sie frohlocken, sie rufen mir zu:

»Wir brauchen deine Stimme!
Sie gehört doch in den göttlichen Gesang hinein.
Lass dir beistehen! Heile das Leid deiner Kindheit.«

Und ich verstehe nicht ganz. Aber ich spüre Hoffnung,
dass ich herausfinden kann aus der Dunkelheit,
die sich da über mein Leben gelegt hatte.

Und innerlich blüht da schon etwas auf –
ist es in mir wie ein Lachen.

Und ich sage: „Gott sei Dank."

Zweiter Kontakt

Nun, es ist gut weitergegangen.
Alles ist in einen Fluss gekommen, unaufhaltsam.
Hat mich mitgerissen, hat mich staunen lassen,
hat mich froh sein lassen,
hat alle meine Zweifel weggetragen.

Und nun bin ich hier und stehe da – strahlend und jung!
Ja, so bin ich jetzt in dem, wie ich wirke, wie ich mich fühle.

Alle Schatten sind weg.

Und ich singe herab auf die Erde mit einer Freude
und einer Andacht, die mir Flügel verleiht.

Ich gebe weiter! Ja, ich gebe weiter!

Ich unterrichte!
Ja, hört auf mich, ich unterrichte!
Und wer mag, der kann sich an mich wenden.
Ich bin frei!

Ich presse niemanden in ein Korsett,
das nicht für ihn geschaffen ist.

Ach! Überhaupt kein Korsett!
Die Stimme mag kein Korsett!

Und da muss ich lachen –
weil mir auf einmal alles so leicht erscheint.

Maria Callas
1923–1977

O gütiger Gott, hab Erbarmen mit mir,
so hab doch Erbarmen mit mir!
Aber er hatte kein Erbarmen mit mir.
Ich habe leiden müssen, viel leiden müssen.
Ich habe alles ertragen. Ich habe ertragen und erduldet und erlitten.
Mein Leben war ein einziger Leidensweg.

Aber meine Stimme, oh, meine Stimme!
Sie hat sich nicht umbringen lassen!
Sie hat sich gezeigt und hat mir immer wieder
Kraft zum Leben gegeben.
Wie oft wollte ich aus dem Leben scheiden.
Immer wieder habe ich diesen Entschluss gefasst.
Aber die Musik hat mich dann doch davon abgehalten.

Aber was habe ich gemacht mit meinem Gottesgeschenk?
Ja, meine Stimme war ein Gottesgeschenk!
Und da ist mir, als ob es aus mir herausklingt.
Und ich fühle es, wie sie die Menschen erreicht hat –
sie waren berührt.
Da war Ehrlichkeit in meiner Stimme –
ich habe mich nicht verstellt.

Aber man hat mir das nicht immer gedankt.
Ich wollte mich nicht verstellen, ich hätte es auch gar nicht gekonnt.
Wozu alles so fein herrichten für die Zuhörer,
alles so rein und makellos.
Das gibt es doch gar nicht.
Das hat mit unserem Menschsein doch nichts zu tun,
einfach gar nichts.

Ich bin noch nicht im Reinen mit mir.
Ich verstehe noch nicht wirklich alles.

Ich klage nicht mehr an, aber ich leide immer noch.
Ich möchte aber nicht mehr leiden.

Ich möchte singen und den Menschen eine Botschaft bringen.
Aber ich weiß nicht, wie ich das anstellen kann.
Ich habe meinen Blick zu den Menschen nicht geöffnet.
Ich möchte mit der Welt eigentlich nichts mehr zu tun haben.
Ich möchte eigentlich auch gar nicht mehr erinnert werden!

Doch gleichzeitig spüre ich, wie da auch Bewunderung für mich ist.
Aber sie macht mich nicht glücklich, sie macht mich nicht froh.
Ich weiß nicht, ob mir überhaupt jemand etwas Gutes tun kann.
Irgendwie fühle ich mich verloren hier, finde ich keinen Haltepunkt,
sieht alles grau und düster aus.

So hatte ich mir mein Leben nicht vorgestellt, so nicht!
Aber meine Stimme, ihr möchte ich danken.
Ich muss ihr sogar danken!
Sie hat mein Leben geformt. Ohne meine Stimme …

Ach, ich will nicht erinnert werden.
Bitte, lassen Sie mich so wie ich bin.
Vielleicht ein anderes Mal.
Aber für heute möchte ich meine Ruhe haben.

Zweiter Kontakt

Mich lässt das jetzt nicht in Ruhe und das ist gut so.
Ich will mich jetzt zuwenden. Ich will mich jetzt öffnen in der Weise,
dass ich nicht mehr in meinem Leid hängenbleiben möchte.
Leiden, wie grausam! Aber ich konnte einfach nicht anders.

Mein Leben war vorbei!
Ich hatte nichts mehr einzusetzen ohne den Mann!
Ohne diesen einen Mann war ich nichts wert.
Er war ein Teil von mir.

Und ich spüre es, wir waren beide jeder für
den anderen der passende Teil.
Wir haben uns immer wieder angezogen wie zwei Magnete,
aber irgendetwas ließ nicht zu, dass wir glücklich sein konnten.

Wir haben beide nicht an das dauerhafte Glück glauben können.
Wir dachten beide, es steht uns nicht zu.
Und so sind wir in unser Unglück hineingelaufen.
Ohne Sinn und Verstand.
Und da erschrecke ich jetzt. Ohne Sinn und Verstand!
Ich hätte mein Leben anders gestalten können.

Und da erschrecke wieder! Da fühle ich die Schmerzen,
die ich mir immer wieder zugefügt habe.
Ich will das nicht mehr. Ich habe jetzt genug.
Ich will etwas anderes fühlen.
Ich will meine Stimme wieder haben, meine Stimme.

Und ganz andächtig spreche ich es aus:
„Meine Stimme." Sie war doch etwas Besonderes!
Und ich möchte, dass das auch geachtet wird.
Und meine Stimme, sie spricht auf einmal ganz leise zu mir:
„Bitte, achte du mich erst einmal.
Wie bist du denn mit mir umgegangen?
Du hast überhaupt keine Rücksicht genommen."

Und da erschrecke ich,
weil ich meiner Stimme Recht geben muss.
Und da ist mir ganz wundersam zumute,
wie da meine Stimme zu mir spricht –
wie ich es zumindest so höre.

Und es klingt bei mir etwas an.
Es erwacht etwas in mir.
Meine Stimme erweckt mich.
Zum Leben? Zu welchem Leben?
Ich bin noch unsicher.
Aber ich lasse alles nachwirken.

Ich bin berührt.

Das ist erst einmal alles, was ich sagen kann.
Ich bin berührt.

Dritter Kontakt

Es hat sich bei mir viel getan. Ich bin aufgeschlossen,
ja, so als ob jemand eine Tür für mich geöffnet hätte.
Dieser Jemand hatte den Schlüssel dazu.
Und ich bin durch diese Tür gegangen.
Und was ist da alles zu sehen, was tut sich da alles!

Ich glaube, ich habe mein Leiden hinter mir lassen können.
Es ist nicht mehr da, es ist vorbei.
Und ich singe, ich singe immerfort!

Und ich danke meiner Stimme.
Und ich gebe ihr, was sie braucht.
Ich liebe meine Stimme – und ich liebe Gott.

Ich liebe.

Ich bin noch ein wenig durcheinander, weil alles so unglaublich ist,
wie da die Liebe in mir zum Erblühen gekommen ist.
Die Liebe, die alles möglich macht.
Die Liebe, die mich nicht mehr klein und bedürftig werden lässt,
die Liebe, die mich nicht mehr leiden lässt.

Das andere, das war gar keine Liebe.
Es war eine kalte Liebe, eine Leidenschaft,
die ins Niemandsland hineinführt.
Es war keine Liebe.

Aber dahinter verborgen da war sie.
Alles war da, alles war da schon in mir.
Aber ich war wie besessen von diesem Mann.
Ich habe nicht mehr auf mich aufgepasst.

Und ich fühle ihn jetzt. Ich fühle jetzt diese Liebe,
wie sie uns zusammengehalten hat,
auch wenn wir nicht beieinander waren.
Es ist etwas Geheimnisvolles um unser Menschsein.
Aber ich beginne jetzt mehr und mehr zu erkennen,
mehr und mehr, mich zu verstehen.

Und mehr und mehr freue ich mich über mein Singen.
Ja, ich bin mir treu geblieben –
auch wenn ich nicht aufgepasst habe.
Ich war ein unvollkommener Mensch!
Aber ich nehme mich jetzt so an, weil ich verstehe.

Ich klage niemanden mehr an!
Ich erwarte von niemandem!
Ich bin jetzt IchSelbst.

Das ist ein magisches Gefühl.
Und mit diesem Gefühl singe ich.
Und wer mich hören will, der soll nur lauschen.
Vielleicht erreichen ihn meine Klänge.
Ich will sie nicht für mich behalten,
ich möchte sie weitergeben.

Und da bin ich voller Dankbarkeit und Staunen.

Aber ich erschrecke auch noch.
Wie unnötig schwer habe ich mir mein Leben gemacht,
wie unnötig schwer!
Da war zu viel Drama,
viel zu viel Drama in meiner Stimme.
Das konnte sie ja gar nicht aushalten.
Ich habe sie da überfordert.

Nun, der eine macht zu viel, der andere zu wenig.
Und dann wieder andere treffen genau den Punkt,
worauf es ankommt.

Ich war unvollkommen.

Aber ich habe etwas den Menschen geben können.
Und ich kann das auch immer noch.

Und dankbar verneige ich mich vor meinem Publikum,
das ich mit meiner Stimme begeistern konnte.

Vierter Kontakt

Es ist ein Wunder mit uns Menschen –
aber wir erkennen es nicht.

Ich habe das Wunder,
das Leuchten in mir,
das Leuchten über meiner Stimme,
das Eingebettetsein in etwas Großes,
nicht Erfassbares,
nicht Greifbares
zu Lebzeiten nicht zugelassen.

Zu sehr war ich mit anderen Dingen ausgefüllt.

Ich habe mir selbst Schaden zugefügt.
Ich mir ganz alleine. Jetzt erkenne ich.

Jetzt kann ich anderen helfen zu verstehen.

Ich kann eine Ratgeberin sein.

Ja, das ist ein herrliches Gefühl, wenn man erkennen kann,
dass nichts umsonst war, dass nichts einfach vorbei ist,
dass ich mich nicht weggeworfen habe.
Beinahe, aber ich habe mich ja gefunden, Gott sei Dank.

Und da ist ein Singen und Klingen in mir, ein Hallelujah.

Aber ein Engel bin ich trotzdem nicht.
Meine ganz besondere Eigenart, sie hat ihre Bedeutung.

Jede Sängerin braucht ihre eigene Färbung,
ihre eigene Bedeutung,
ihren eigenen Wert.
Aber den muss sie erst einmal finden.

Und dazu muss sie sich einlassen auf etwas,
das ihr noch nicht so nahe ist.

Und ich helfe dabei.

Fünfter Kontakt

Immer noch ist mir, als ob alles ein Traum gewesen ist,
als ob ich nur geträumt habe und jetzt kann ich zu leben beginnen.
Immer noch zieht es mich magisch hinein in alte Erinnerungen,
ich kann sie noch immer nicht ganz loslassen.
Ich habe einen solchen Drang in mir, wieder zu singen wie damals.

Ich verstehe mich nicht. Warum? Wozu?
Ich weiß doch längst, dass das keinen Sinn ergibt.

Ich will es nicht mehr!

Und es ist mir, als ob ich es noch einmal fühlen musste, ganz tief,
womit ich mir mein Leben unnötig schwer gemacht habe.

Ich hatte mich noch nicht ganz und gar befreit.

Und das möchte ich auch allen sagen,
denen es ähnlich geht wie mir:

Es ist im Menschen ein Drang, der ist nahezu unerschöpflich.
Wenn man nicht gut aufpasst,
dann ist das Leben wieder in einer Weise schwer,
wie man es doch gar nicht mehr wollte –
und wie man doch weiß,
dass es so auch nicht mehr zu sein braucht.

Ich habe verstanden.

Ich fühle mich jetzt gestärkt für meine Aufgabe.
Jetzt kann ich mich aufrichtig zuwenden.
Letzte dunkle Schleier haben sich in Licht aufgelöst.

Ich bin erlöst.

Glück strahle ich aus – ich bin die glückliche Callas.

Mein Trauergewand, es hat sich aufgelöst in Nichts.
Ich kann nichts mehr entdecken.
Und so kann ich wirken und bewirken.

Nichts war umsonst – ist das nicht wunderbar?!

Dietrich Fischer-Dieskau

1925–2012

Ich habe alles mitgenommen, alles,
was ich erlebt habe in meinem Leben.
Es ist mir noch so nah.
Es ist alles noch so nah, als ob es gestern gewesen wäre.
Das ist schön, aber auch grausam.

Ich sehe mich in all meiner Pracht und Herrlichkeit.
Und ich sehe mich in all meiner Niedrigkeit,
wie ich da durch das Leben gekrochen bin.

Ich war oft kein feiner Herr. Das macht mir zu schaffen!
Ich wollte doch edel sein! Und der Musik alles geben,
was ein Mensch der Musik geben kann.

Ich hatte doch viel zu vergeben, ich weiß es.
Und ich spüre diese magischen Momente meines Musiker-Daseins.
Da waren sie die magischen Momente.
Da konnte ich die Menschen erreichen.
Das macht mich jetzt noch glücklich.

Aber was stelle ich jetzt an mit all dem, was ich da vor mir sehe.
Was stelle ich mit dem Menschen Fischer-Dieskau an?
Was war ich wirklich für ein Mensch?
Ich verstehe mich nicht wirklich.
Ich komme nicht wirklich an mich heran.
Ich habe das Gefühl, ich bin unnahbar.
Ich will mich nicht wirklich zeigen.

Sterben wollte ich nicht, nein! Ich wollte nicht sterben.
Ich wollte leben und mein Lebenswerk in eine Form geben,
die mich wertvoll macht.

Ich wollte wertvoll sein!

Aber die Musik alleine ist es nicht,
die einen Menschen wertvoll macht.
Sondern das sind die Gedanken, die da im Menschen walten,
die Gedanken, die mir immer durch den Kopf gegangen sind –
und da war ich schon immer wieder erschrocken über mich.
Aber ich habe sie nicht aus dem Kopf bekommen.

Da habe ich mich oft nicht gut gefühlt, wenn ich das Publikum
da vor mir gesehen habe. Da wollte ich nicht für sie singen.
Sie waren oft so lächerlich anzuschauen mit ihren Gesichtern,
in denen es dunkel zu mir heraufgeweht hat.
Ja, ich habe oft innerlich gefroren, wenn ich auf die Bühne kam.
Aber dann konnte ich mich fangen.

Dann habe ich für mich gesungen, nur für mich.
Da konnte ich mich trennen von denen, die da zugehört haben.
Dann konnte ich mich trennen von dieser Energie.
Und dann war ich oft im Einklang mit mir und mit der Musik
und mit dem, was ich zum Ausdruck bringen wollte.

Ich bin nicht zufrieden mit mir, ich spüre es. Das ist nicht schön,
denn ich möchte doch noch etwas machen aus all dem,
was ich erfahren und gelernt und gewonnen habe.
Das soll da nicht einfach so herumliegen und vom Wind
zerstreut werden. Ich möchte aus allem noch etwas machen!
Es soll noch einen wirklichen Wert bekommen, einen Wert,
den ich weitergeben kann.

Ich möchte nicht, dass mit meinem Tod alles vorbei ist.

Ich weiß noch nicht, wie es mit mir vorangeht.
Es ist in mir eine große Unsicherheit.
Aber ich fühle mich berührt.
Und ich möchte dieses Gefühl nutzen.

Zweiter Kontakt

Ich habe Sie als elfjähriges Mädchen in einem Konzert für Schüler ge-hört. Sie haben einige Lieder aus Schuberts „Winterreise" gesungen. Wir hatten damals einen Musiklehrer, dem ich viel verdanke. Er hat diese Lieder mit uns durchgesprochen, uns dazu verholfen, dass wir nicht unvorbereitet in dieses Konzert kamen. Es fand in einem kleinen Rah-men statt. Und es hat mir die Musik – und hier insbesondere die Musik Schuberts – in einem besonderen Maße eröffnet, so wie Sie die Lieder gesungen haben. Seitdem bin ich eine treue Anhängerin von Ihnen ge-blieben. Und dankbar stehe ich vor Ihnen und Ihrer Kunst, auch wenn ich später oft nicht mit allem so in Übereinstimmung war mit dem Sänger Fischer-Dieskau wie in diesem Konzert als junges Mädchen. Da hat sich mir die Musik Schuberts in ihrer Göttlichkeit geöffnet. Und ich habe darauf aufbauen können.

Nun, das höre ich gerne. Ja, ich erinnere mich an diese Zeit.
Da ist man noch nicht so sehr vom Konzertleben verwöhnt,
und ich möchte fast auch sagen, vom Konzertleben verdorben.
Da habe ich die Freude und die Zuwendung
für diese Musik gespürt.
Und es war eine tiefe Verbindung da
in meinem Inneren zu Schubert.
Ja, mir war, als ob Schubert an meiner Seite gewesen wäre und
hat mich gelenkt. Ich habe einfach die Töne aus mir herauswirken
lassen – und die Worte haben die richtige Bedeutung bekommen.

Das war schön!

Ich will mich mehr an diese Zeit erinnern.
Sie soll mir den Weg weisen hinein in eine Leichtigkeit,
die ich finden möchte, die mich frei macht.
Ich möchte frei sein!

Und da spüre ich Zustimmung um mich herum,
als ob da Begeisterung ist über meine Worte.

Ich will alles nachwirken lassen.
Aber ich möchte nicht versäumen, Ihnen zu danken.

Dritter Kontakt

Nun, es ist alles noch ein wenig ungewohnt.
Alles fühlt sich für mich noch ungewohnt an.
Aber die Leichtigkeit ist in mir in einer unvorstellbaren Weise.

Leichtigkeit ist eigentlich Nichts.
Ich muss Nichts sein.
Ich muss Nichts produzieren.
Ich muss vor allen Dingen keinen Erfolg produzieren.

Ich bin einfach –
und lasse aus mir herausströmen, was da in mir ist.

In gewisser Weise fliege ich da immerfort.
Aber ich fliege nicht weg.
Und ich habe keine Angst abzustürzen,
weil es die Dunkelheit für mich nicht mehr gibt.

Die Dunkelheit und Kälte meines Lebens –
sie sind wie weggewischt!

Manchmal komme ich mir vor wie ein Engel.
Doch dann lache ich.
Aber es ist ein so schönes Gefühl,
wenn da solche Gedanken kommen –
weil ich mir nicht vorstellen kann,
dass mir das zusteht, mich so zu fühlen.

Ich bin da immer noch hin und wieder im Zweifel.
Aber es singt und klingt in mir und um mich herum.
Ich bin nur noch Gesang!

Und das will ich nicht für mich behalten, nein!
Ich möchte weitergeben und ich werde weitergeben.
So viele Sänger machen sich ihr Leben so schwer,
belasten die Stimme, wollen viel zu viel auf einmal erreichen.
Dabei geht es ganz einfach. Ja, ganz einfach.

Hört auf das, was ich sage:
Es geht ganz einfach!
Du musst nur bei dir sein, ganz bei dir sein –
mit deiner Seele in Verbindung sein.

Dann hilft dir das, was du gelernt hast,
zusammen mit dem Angebundensein in der göttlichen Energie,
alles zu vervollkommnen, was da noch in dir verborgen ist.

Und da möchte ich am liebsten zu den Kindern
in den Schulen gehen und mit ihnen singen,
ihnen eröffnen, was sie da für einen Schatz in sich tragen.
Vielleicht kann ich mich hier und da einschwingen?

Nun, alles erst einmal in Ruhe hier für mich.

Aber ich spüre eine Aufbruchstimmung in mir.
Ich spüre sie um mich herum.
Es ist die Musik, die in den Vordergrund tritt.
Und das ist einfach nur schön.

Vierter Kontakt

Ich habe noch gewonnen.
Ich gewinne immerfort dazu.
Es ist wie ein unaufhörliches Weiten –
hinein in neue Dimensionen.

Der Mensch glaubt sich eingebunden in einen begrenzten Raum.
Er möchte nicht darüber hinweg sehen, weil ihm das Angst macht,
weil er glaubt, sich dann zu verlieren.

Aber da irrt er gewaltig!

Es ist das Weiten, das die Freude bringt,
das Freude und Freiheit bringt –
das Liebe möglich macht!

Ich habe jetzt zu mir gefunden.

Und das ist ein großes Glück,
ein tief empfundenes Glück.
Und ich bin voller Dankbarkeit!

Da ist nur noch Dankbarkeit.

Und mit dieser Dankbarkeit
wirke ich jetzt mit meiner Musik –
mit meiner Stimme,
mit meinem Ausdruck,
mit dem, was ich vermitteln kann.

Und wer an das glauben mag,
was ich da jetzt zum Ausdruck bringe,
der hat schon gewonnen.

Und das freut mich so sehr,
weil ich von meinen Erfahrungen weitergeben möchte.
Auch, wie ich mich an das Oft-geplagt-Sein erinnere,
an das Zu-fest-auf-das Richtigsein-Hinpochen,
an das Zu-fest-mich-an-etwas-Festhalten,
was der Stimme nicht gut tut!

Nun, ich weiß ja, ich war ein bedeutender Sänger.
Ich muss mich nicht klein machen.
Aber das alles soll doch leichter sein.

Und es geht leichter!
Ich hatte es ja gefühlt,
fühlen können,
fühlen dürfen als junger Sänger.
O holde Jugend!

Da war ich in gewisser Weise noch unbekümmert.

Aber dann haben sie sich eingeschlichen die Gedanken,
die der Musik gar nicht mehr gut tun.

Jetzt ist da nur noch Freude.
Und diese Freude gebe ich weiter an alle Sänger,
die auf mich hören wollen.

Fünfter Kontakt

Nun, das ist noch nicht alles.
Das ist nicht alles, was den Fischer-Dieskau ausmacht.
Da gibt es noch mehr, noch viel mehr.

Ich spüre doch, wie ich mich weite immer mehr,
wie meine Energie zunimmt, wie sie strahlt,
wie sie aus mir herausstrahlt.

Ich bin der Fischer-Dieskau –
aber ich bin noch viel mehr.
Ich bin göttliche Vereinigung, so möchte ich das nennen.

Ich bin wie ein Werkzeug Gottes,
weil er durch mich hinunterstrahlt auf die Erde.

Ich leuchte.
Ich stehe da in einer Präsenz,
die trägt,
die weitet,
die mich hinaufhebt –
und all das gebe ich hinunter zu den Menschen,
die sich davon nehmen wollen,
die bereit sind, sich zuzuwenden.

Und dann fühlt der Mensch von dieser Strahlkraft,
er wird sozusagen innerlich entfacht.
Da entsteht Kraft in ihm,
in seinem Inneren.

Das ist Lebenskraft,
leuchtende Lebenskraft,
kraftspendende Lebenskraft,
an denen andere Menschen teilhaben können.
Er verbreitet dann Liebe –
so wie ich sie jetzt verbreite.

Liebe und Gesang –
Liebe und Tanz –
Liebe und Freiheit –
Liebe und Hochzeit.

Ja, feiert Hochzeit, aber nicht das, was ihr im Allgemeinen
darunter versteht, nein, das ist damit nicht gemeint.

Feiert die Liebe,
eure Liebe.
Opfert sie nicht am Altar der falschen Götter,
sondern vermehrt sie.

Und freut euch einfach.
Alles soll leicht gehen.

Alles dieses Drumherum, es engt nur ein.
Es stellt Regeln auf, es macht abhängig.
Der Mensch belädt sich mit unnötigen Verpflichtungen.

Er soll sich nur sich selbst verpflichtet fühlen –
und alles zu seiner eigenen Freude machen –
zu seinem eigenen Gedeihen –
ohne anderen zu schaden.

Dann wirkt er als Mensch mit seiner Liebe –
und nichts anderes ist dann mehr von
einer einengenden Bedeutung.

Weil sich alles entwickelt.

Ohne Mühe –
mit Freude –
mit Gesang –
zusammen mit der Seele –
zusammen mit Gott.

Fritz Wunderlich
1930–1966

Nun, es kam, wie es kommen musste.
Ich bin früh gestorben. Es war so geplant.
Es war vorherbestimmt von meiner Seele.
Und da musste ich folgen.

Ich hatte doch noch so Großes vor!
Ich wollte meine Stimme doch noch
in die Welt hinein erschallen lassen.
Ich habe mich so sehr danach gesehnt!

Ja, es war grausam für mich,
nicht mehr singen zu können,
nicht mehr den Applaus zu hören.
Ich kam mir vor, als ob man mich
auf ein Abstellgleis gestellt hätte.

Ich habe lange gehadert, sehr lange.
Ich konnte nicht verstehen.
Und ich wollte nicht verstehen!
So etwas Unnützes!

Erst bekommt man ein solches Gottesgeschenk –
und dann wird es einem wieder genommen.

Oh, wie war ich wütend, wie ich diesen Gott verdammt habe!
Ich hatte ihn doch in mir getragen auf meine Weise.
Ich wusste doch, dass diese Stimme nicht einfach
so von mir entwickelt worden ist –
dass da eine andere Kraft mit im Bewirken war.
Und dann auf einmal: Schluss, aus, Amen, das war es.
Der Mohr hat seine Schuldigkeit getan!

Ich spüre, wie ich immer noch aufbegehre,
wie ich da noch nicht ganz rein bin, obwohl ich längst
verstehe, warum das alles so abläuft.
Alles hat seine ganz bestimmte Bedeutung,
war das Richtige für mich in diesem Leben.

Ich hatte eine versteckte schwere Krankheit.
Sie hätte mir übel mitgespielt.
So konnte ich abtreten.

Und mein Wirken mit meiner Stimme ist nicht beschmutzt worden
mit den Geschichten über einen wunderbaren Sänger,
den eine schreckliche Krankheit dahinrafft.
Ich habe mir dann immer vorgestellt, wie es ist,
wenn ich auf diese Weise meine Stimme verloren hätte.
Und da bin ich schon fast dankbar,
dass es anders gekommen ist.

Ja, manchmal fällt es uns schwer,
das göttliche Wirken zu durchschauen,
die Gnade, die in so vielem ruht, zu erkennen.
Wir denken immer nur in eine Richtung.
Dass es da noch andere Möglichkeiten geben könnte –
soweit schauen wir nicht.

Ich habe nur auf meinen Ruhm geschaut.

Und auch, wenn ich in gewisser Weise schon demütig war,
denn ich wusste, das bin nicht ich,
da singt etwas anderes durch mich,
so sind wir doch geblendet von der Anerkennung,
von dem Beifall, von den Lobes-Hymnen.
Sie sind gefährlich!
Sie tun niemandem gut, keinem Künstler.
Das ist immer wieder teuflische Verführung.

Und deshalb solltet ihr die Sänger ehren und verehren.
Euch an ihren Stimmen erfreuen. Den Klang ihrer Stimmen
in euch hineinwirken lassen wie einen heilenden Balsam.
Aber nie das Geschenk ihrer Stimme alleine in ihnen sehen.
Das geht nicht! Immer das Göttliche mitfühlen!
Ja, es wissen und den Sänger und seine Seele spüren,
das Göttliche, das aus dem Menschen heraus wirkt.

Ach, wie gerne würde ich wieder singen
und von meinen Erfahrungen berichten!
Und so freut es mich, dass Sie sich an mich wenden.
Ich möchte zu meinen Anhängern sprechen.
Ja, sie sollen wissen, worauf es bei mir angekommen ist:

Mich zu bescheiden!

Die Gefahr war da eindeutig, dass ich das Maß verloren hätte.
Und dann wäre die Krankheit ausgebrochen.
Ich glaube, ich hätte an Gott ganz und gar gezweifelt.
Ich hätte mein Menschsein nicht verstanden.

So ist alles glimpflich für mich abgegangen.
Ja, so möchte ich das ausdrücken.
Es ist nicht schön, nein, einfach aufhören zu müssen
im schönsten Schaffensdrang, das tut weh.
Aber wenn ich bedenke, dass es eine Gnade für mich war,
dann sage ich: „Ich danke dir Gott."

Ich werde schon wieder singen können.
Es wird noch Möglichkeiten geben.
Ich singe hier in dem großen Himmels-Chor mit.
Ja, ich bin eigentlich nur Gesang.
Aber ich bereite mich auch schon auf eine Aufgabe vor.

Ich werde junge Sänger unterstützen.

Ja, junge Sänger, die mich als Vorbild nehmen wollen,
die glauben, sie können von mir lernen.
Sie sollen sich mit mir in Verbindung setzen.
Und ich werde sie anleiten.
Ja, das kann ich bald in einer guten Weise.

Und ich werde nicht neidisch sein,
wenn da eine Stimme so herausragt,
dass sie mich übertönt hätte.
Nein, ein solches Gefühl kenne ich nicht.

Ach, was da so alles auf dem Jahrmarkt der Eitelkeiten
gehandelt wird. Da erschaudere ich.

Und dankbar öffne ich mich meinem göttlichen Wirken.

Ich bin bereit.

Zweiter Kontakt

Oh, da gab es noch immer wieder Schwankungen in mir.
Ich fühle mich doch noch als bedeutender Sänger!
Das ist doch nicht einfach so weg.
Und dann kommen sie wieder hervor die alten Sehnsüchte und
Wünsche.

Aber all das hat sich beruhigt, weil ich mein Schaffen, so wie es war,
in seiner Vollkommenheit erkennen kann.

Es war vollkommen, wie ich gesungen habe.
Es ist nicht von Bedeutung, ob ich da noch hinausgegangen wäre
in die große Welt, um immer noch berühmter zu werden.

Das ist doch so unwichtig!

Und ich erinnere mich an meine Stimme, wie sie da so leicht
aus mir herausgeflossen ist.
Das alleine war doch schon Glück genug.
Aber der Mensch kann nicht genug bekommen.
Immer mehr, immer toller, immer größer.
Alles wird äußerlich aufgepeppt.

Ist das wirklich so wichtig?

Überlegt euch das alle, die ihr begehrte Stimmen habt!
Überlegt euch immer, worauf ihr euch einlasst!

Achtet die Gnade, die ihr mit eurer Stimme bekommen habt.
Und schont sie. Geht achtsam mit ihr um.

Etwas so Wertvolles muss behütet und beschützt werden.

Ich kann jetzt wirklich aus tiefstem Herzen sagen,
dass ich froh bin, so wie mein Leben verlaufen ist.
Das Wichtigste, das Bedeutsamste, die Essenz aus meiner Gabe,
sie ist zu den Menschen gekommen, unverfälscht,
ohne falsche Beimischungen.

Welcher Sänger kann das schon von sich sagen?

Gut fühle ich mich.
Ich bin jetzt ganz und gar bei mir angekommen.

Und Gott ist bei mir.
Und ich bin bereit für meine Aufgabe.

Ich lehre Bescheidenheit,
ich lehre den Wert der Stimme,
ich lehre heilsame Enthaltsamkeit, eine Enthaltsamkeit,
die den Sänger erstrahlen lässt.

Ich lehre das Glücklichsein über die eigene Gabe „Stimme".

Wer dieses Glück verinnerlicht hat,
der wird liebevoll mit seiner Stimme umgeben.
Und Menschen werden heilsam erreicht.

Ja, heilsam – denn darauf kommt es an.
Es klingt etwas hinein in die Menschen,
das sie erfüllt.

Jetzt bin ich erst einmal erfüllt von dieser Leichtigkeit,
die sich in mir aufgetan hat.
Alles singt und klingt um mich herum

Ich staune.
Ich lache.
Ich freue mich.
Und ich singe.

Ich singe –
meine Töne strömen nur so aus mir heraus.

Und ich?

Ich bin dankbar,
zufrieden
und glücklich –
weil ich die Liebe in meiner Stimme
zu Lebzeiten nicht zerstört habe.

Michael Jackson
1958–2009

Das war doch alles nichts.
Ich wollte doch viel mehr!
Mir war das nicht genug!

Viel mehr,
immer mehr,
ohne Aufenthalt.
Ich wollte nicht nachgeben.
Ich wollte nicht aufgeben.

Aber der Körper konnte ja schon nicht mehr.
Ich war verrückt!

Ja, ich war verrückt, aber voller guter Vorsätze.
Und das sollen die Menschen mir glauben.
Niemals wollte ich einem Menschen Schaden zufügen.
Ich habe mich eher geschämt, wenn ich das Gefühl hatte,
ich war grob oder zu derb. Ich habe immer versucht,
sanft zu sein, vorsichtig umzugehen mit dem,
was mir anvertraut war.

Aber irgendetwas hat mit mir nicht gestimmt.
Und dazu hatte ich keinen Zugang. Der Zugang zu dem
Menschen, der ich eigentlich war, der war mir versperrt.
Und in gewisser Weise ist er es immer noch.
Aber es lichten sich schon die Schleier,
ich sehe mehr und mehr hindurch.
Ich kann mehr und mehr erkennen.
Und ich kann auch staunen über das,
was ich da zuwege gebracht habe. Ich staune!

Manches hätte man weglassen können.
Aber ich war eben auch ein kleiner Drecksack.
Und jetzt muss ich sogar grinsen.

Ich war von allem etwas.
Und da möchte ich mich zusammenholen,
möchte ich eine Person sein, aber es gelingt mir nicht.
Überall sehe ich Einzelteile von mir –
ich bringe sie nicht zusammen.

Ich schreie um Hilfe, aber niemand hat mir geholfen.
Niemand konnte mir helfen.

Habe ich keine Hilfe zugelassen?

Ich frage mich jetzt schon das eine oder das andere.
Ich war, glaube ich, nicht geeignet für eine therapeutische Hilfe,
die mich da herausgeholt hätte.
Und manchmal denke ich, da gab es niemanden.
Alles musste so ablaufen, damit die Musik
aus mir herauskommt, wie sie die Menschen lieben.

Ja, die Menschen lieben mich und das war mir so wichtig.
Ich wollte doch nur die Liebe leben in meinem Leben.
„Die Liebe." Und ich spreche das Wort ganz andächtig aus.
Liebe war mir wichtig, aber wo ist sie geblieben?
Was habe ich mit ihr gemacht?
Manchmal hatte sie ein verzerrtes Gesicht und hat mich angelacht.
Nein! Sie hat mich ausgelacht: „Liebe ist nicht für dich, nein,
die ist nur für andere, für dich nicht!"

Aber ich habe mich wehren wollen.

Ich wollte allen beweisen, dass auch ich die Liebe habe!
Aber es ist mir nicht gelungen.
Ich wusste doch gar nicht, wie ich das anstellen kann.

Und so bin ich in einem Morast gelaufen.
Und der Schmutz, er hing immer an meinen Schuhen.

Ich wollte heilen.
Ich wollte helfen.
Ich wollte die Welt heilen.
Ich wollte vor allen Dingen die Kinder heilen,
die Kinder dieser Welt.

Und ich spüre jetzt in mir den kleinen Jungen, der ich war.
Und ich erschrecke, weil ich da so viel Not spüre.
Da ist soviel nicht erlöste Not.

Ich glaube, ich beginne zu verstehen.
Und ich fühle, wie ich gehalten werde,
behutsam gehalten werde.

Ich lasse den Blick auf das Kind zu, das ich war.
Ich wende mich nicht wieder ab.
Ich lasse jetzt zu.

Und dankbar nehme ich die Hilfe an,
die ich hier habe. Ja, da ist ja Hilfe.
Ich spüre es, da ist Hilfe, die wirklich helfen kann.
Ich lasse mich hineinfallen.

Oh, wie bin ich erschöpft von meinem Leben, so erschöpft.
Ich konnte doch gar nicht mehr. Ich war am Ende.
Ich musste gehen. Niemand hätte mir helfen können.
Und niemand hat Schuld an meinem Tod!

Und da bitte ich Sie, wenden Sie sich noch einmal an mich.
Ich möchte so gerne zu meinen Anhängern sprechen.
Ich möchte sie bitten, Verständnis für mich zu haben.
Und meine Musik von dem Menschen zu trennen,
der ich war. Vielleicht geht das?

Zweiter Kontakt

Ich bin immer noch ziemlich aufgewühlt. Lassen Sie mir bitte
noch etwas Zeit. Aber bitte, melden Sie sich wieder.

Im Moment bin ich nur traurig.
Eine ausweglose Traurigkeit hat sich in mir breit gemacht.
Aber ich bin gehalten, ich habe Hilfe.
Und trotzdem: ich muss hineinfühlen in das,
was da in meiner Kindheit war.

Alles wird sich lichten, wird weniger traurig.
Es fällt immer mehr ab von mir aus dieser Zeit,
das spüre ich schon.

Aber alles braucht auch seine Zeit.

Dritter Kontakt

Heute geht es mir schon ein wenig besser.
Ich fange an, Kraft zu schöpfen.
Ich fange an, aus allem herauszublicken,
was mein Leben als Michael Jackson ausgemacht hat.
Ich hatte doch gar keinen Durchblick.
Ich bin nur irgendwie durchs Leben gerannt –
als ob der Teufel hinter mir her wäre.

Aber die Musik, sie hat mich dann immer wieder gehalten.
Da war etwas Besonderes mit mir.
Da hat sich in mir etwas abgespielt,
das einfach sein musste – ich konnte gar nicht anders.

Und da bin ich so froh, dass ich etwas hinterlassen konnte,
etwas, was andere anrührt, was andere mitzieht –
und in anderen Menschen einen Funken entzünden kann.

Ja, da war es das Göttliche, das da auch in mir war.
Es kam zum Vorschein. Aber nur, wenn ich mich
den Menschen mit meiner Musik zugewandt habe,
wenn ich den Michael völlig beiseite gelassen habe.
Aber ich habe mich dann auch verausgabt.

Heute weiß ich, dass da eine Verbindung hätte sein müssen,
aber die gab es nicht. Und so war alles schnell zu Ende.
Und dabei hätte ich doch noch so gerne …

Aber ich verstehe ja schon. Kein Einzelner kann die Welt retten.
Kein Michael Jackson hätte das Leid der Kinder mildern können.
Da muss anderes passieren. Da muss eine gewaltige Explosion
in den Köpfen der Menschen passieren, damit sie verstehen!

Das wollte ich nicht erkennen.
Ich hatte mir doch so fest vorgenommen, das zu schaffen.
Ja, in meiner Kindheit hatte ich mir das vorgenommen.
Und ich war mir so sicher, es zu schaffen.
Aber als der erwachsene Michael, da habe ich vergessen,
meinen Verstand einzusetzen.

Jetzt blicke ich ja heraus aus allem.
Ich verstehe jetzt schon ganz gut.
Und ich nutze die Hilfe, die ich hier habe.

Und auch, wenn noch alles weh tut,
ich über mich erschrecke,
ich mich anschauen muss in meinem unheilvollen Wesen,
so wie ich es nennen möchte,
beginnt schon alles, sich in mir zu beruhigen.

Und dafür bin ich aufrichtig dankbar.

Und alle, die meine Musik weiterhin lieben, sie sollen wissen,
dass ich jetzt auf dem Weg zur wahren Liebe bin.

Und dieses Gefühl wird dann hineinfließen in diese Musik,
weil ich verbunden bleiben werde mit ihr.

Ich weiß nicht, wie lange es dauern wird,
und was sich noch ereignen wird.
Aber erst einmal fühle ich, ist alles gut so wie es ist.

Und was ich noch sagen möchte, allen zurufen möchte:
Achtet die Kinder! Ich bitte euch, achtet die Kinder!
Helft ihnen, lasst sie nicht so alleine!
Gebt ihnen, was sie brauchen! Oh, die Kinder!
Ich konnte es nicht. Aber bitte, macht ihr es!
Das ist mein größtes Anliegen!

Vierter Kontakt

Es ist noch vieles in mir geschehen,
aus mir herausgeflossen in ein großes Meer,
das all mein Leid aufgenommen hat.

Aber ich war bereit!

Ich wollte nicht mehr in der Gefangenschaft
meines Lebens stecken bleiben.
Ich wollte vorangehen ohne diese unvorstellbare Angst.
Sie hatte mir mein Leben genommen, immer und immer wieder.
Bis zum grauenvollen Abschluss. Ja, der Abschluss war schrecklich,
weil es nichts mehr gab, was ich einzusetzen hatte.

Ich hatte mein Leben verspielt. Aber meine Kunst, sie ist geblieben.
Diese besondere Gabe und Aussagekraft, sie ist nicht mitgestorben.
Ich bin noch da! Ich bin nicht weg! Wie mich das freut!
Ich habe mich herausretten können. Mir ist geholfen worden!
Und das Glück der Liebe hat in mir seine Wohnung gefunden.

Stellt euch das nur vor!

Ich habe jetzt das, was ich mir doch so sehr gewünscht hatte.
Ich habe nur immer an der falschen Stelle gesucht.
Ich hatte mich immer und immer mehr verlaufen.

Es soll ein Klingen hineinkommen in die Welt.

Und das Klingen soll die Kinder erreichen.
Ja, ich widme mich jetzt in erster Linie den Kindern.
Ich besuche sie, ich kann das.

Ich kann mich vervielfältigen.

Oh, wie mich das freut, dass ich nicht umsonst gelebt habe,
dass ich mitwirken kann an der Heilung der Welt auf meine Weise.

Die Kinder, sie lassen sich berühren von mir,
weil sie sich nicht fürchten müssen vor mir,
weil in mir nichts Gewalttätiges mehr ist.
Ja, ich wollte niemandem wehtun
und gleichzeitig war ich gewalttätig.

Erschreckend ist es, wie wir Menschen ohne die wahre Liebe sind.
Aber nie wollte ich wehtun!
Ich habe nur nicht den Zugang zu mir gefunden.

Und nichts wird hier verurteilt.
Ich stehe nicht da wie ein Sünder,
der angeklagt wird.
Ich stehe da im Licht!
Und dieses Licht ist die göttliche Liebe,
an die ich angebunden bin.

Ich war jetzt bereit. Und alleine darauf kommt es an!

Die Angst vor der Angst, sie hat mich aufgefressen.
Das ist, als ob kleine böse Tiere in dir dich anfressen,
dir nichts lassen wollen, dir immer wieder alles nehmen.
Das ist grausam! Ja, es sind viele Teufel, viele kleine Teufel –
sie werden zu einem großen Ungeheuer.

Oh, wie hatte ich Angst, wie hatte das Kind Michael Angst!

Aber jetzt ist da Ruhe – wunderbare fröhliche Ruhe.
Keine Grabesstille – sondern fröhliche Ruhe –
übermütige Ruhe.

Lustig bin ich und übermütig – aber immer eingebettet in Liebe.

Das bin ich jetzt und so wirke ich.
Ich bin nicht abgeschnitten von der Welt.
Oh, wie mich das beruhigt und froh stimmt.

Ich bin nicht abgeschnitten von der Welt!
Ich kann eine Freude für Kinder sein!
Ich bin eine Freude für Kinder!

Und dankbar bin ich für das, was da mit mir geschehen ist.
Für die Kraft, die sich mir da zugewendet hat ohne Vorurteile,
die mich angenommen hat so wie ich bin –
bedingungslos, in bedingungsloser Liebe.
Ich verneige mich vor Ihnen in tiefer Dankbarkeit und Freude.
Aber ich verspreche auch, alles zu nutzen,
es weiterzugeben, es nicht zu missachten.

Das Gefühl von Dankbarkeit hat Einzug in mir gehalten.

Ich danke Gott.
Ich danke Ihnen.
Ich danke der göttlichen Liebe.

Ich bin verbunden mit der göttlichen Liebe –
mit der bedingungslosen Liebe,
nach der sich das Kind Michael so sehr gesehnt hatte,
aber nie bekommen konnte.
Jetzt fühle ich sie. Jetzt kann ich sie weitergeben.

Ich erwarte nicht mehr von anderen.
Ich bin jetzt derjenige, der verantwortlich ist.
Ich habe jetzt Verantwortung übernommen für mein Leben,
auch für meine Kindheit.

Ich spreche meinen Vater nicht mehr schuldig.
Ich spreche meine Mutter nicht mehr schuldig.
Ich fühle eine tiefe Verbundenheit mit ihnen –
eine tiefe Liebe zu ihnen.

Ich liebe.

Ich liebe meine Eltern.
Ich liebe das Kind, das ich war.
Ich liebe den Menschen, der ich war.
Ich liebe den unvollkommenen Menschen.
Und das ist ein Wunder!

Der Mensch ist ein Wunder!
Ich erfasse das Wunder!
Ich erfasse das Wunder Mensch bei aller Unvollkommenheit!

Ich bin erwacht aus allen falschen Träumen.
Ich bin erwacht.

Ich laufe nicht mehr davon, ich renne nicht mehr weg.
Mein Ego hat sich aufgelöst.

Ich bin erlöst.

Und dankbar stehe ich da, dankbar und überwältigt.
Die Dankbarkeit hat Besitz von mir ergriffen.
Sie wird mich nicht verlassen.

Ich bitte euch, achtet die Menschen, die bereit sind,
schon als Menschen uns beizustehen. Sie leisten Großartiges.
Sie halten sich noch bescheiden im Hintergrund,
aber sie leisten Großartiges. Sie stellen sich zur Verfügung,
Gott aus sich heraus wirken zu lassen – Gott wirken zu lassen da,
wo sich Menschen in ihre Egos verrannt haben,
die Liebe nicht zulassen wollen,
Gott nicht zulassen wollen.

Ich erkenne es jetzt – und ich freue mich.
Und dankbar verneige ich mich vor dem Menschen,
der mir beigestanden hat – in tiefer Dankbarkeit.

Fünfter Kontakt

Die Liebe zu den Menschen, sie hat mich erfasst.
Die Liebe zu den Kindern –
sie ist getragen von Aufrichtigkeit und Achtung.

Kinder muss man achten!
Sie sind vollkommene Wesen.

Macht es wie ich – und da lache ich.

Meine Lieder wirken ansteckend auf die Menschen, die sie hören.
Es sind immer noch viele Menschen, die meine Lieder hören wollen.
Es soll nicht umsonst gewesen mein Wirken.
Es war Gott durch mich hindurch, ist das nicht wunderbar.

Irgendwie unvorstellbar!
Wenn ich mich da so auf der Bühne sehe,

und dann war da im Hintergrund immer Gott –
mächtig, umwerfend und schön.

So leicht ist jetzt alles, so friedlich auch.

Ja, der Friede ist eingekehrt in mir.
Und Frieden vermittle ich.

Die Kinder sollen noch daran glauben dürfen!
Sie dürfen nicht schon jetzt verzweifeln,
so wie das Geschehen um sie herum ist.
Sie brauchen Stärkung, damit sie leben können
ohne in dauernder Angst und in Schrecken zu verharren.

Es soll ihnen erspart bleiben.
Und ich helfe dabei soviel wie ich kann.

Wer Kindern beistehen möchte, der wende sich an mich.
Ich unterstütze ihn, ich leite ihn sozusagen an.
Ich lege in ihn hinein von meinem Frieden.
Und mit dieser Ruhe kann man sich Kindern zuwenden.
Damit geht es ihnen gut.

Ich bin so froh, dass nichts umsonst war in meinem Leben.
Michael hat eine Bedeutung – und eine wichtige Aufgabe.

Und da lächle ich ganz leise in mich hinein.
Und ich fühle das Wunder der Liebe in mir –
und wie es aus mir herausströmt.

Etwas Schöneres kann es für mich nicht geben.

Ich bin glücklich.

Pianisten

Clara Schumann
1819–1896

Nun, ich denke, alles hatte so seine Richtigkeit für mich.
Ich habe mich dieser Lebensaufgabe gestellt.
Und ich bereue nichts.
Da ist immer noch diese tiefe Liebe zur Musik und der Wunsch,
sie den Menschen nahe zu bringen.
Es ist etwas Wunderbares, was da in allem wirkt.
Und insbesondere in der Musik.

Das hat mich immer auch überwältigt.
Ich habe immer wieder Kraft schöpfen können,
auch wenn ich manchmal nicht mehr wusste,
wie es weitergehen kann.

Es ist alles so weitergegangen, wie es möglich war.
Und da bin ich nur dankbar.
Ja, aus vollem Herzen dankbar, wie sich alles gefügt hat.
Wie die Musik sich ausbreitet –
wie nichts verloren ist nach dem Tod –
wie wir Menschen nach dem Tod nicht verloren sind.

Das ist ein großartiges Gefühl.
Es macht mich jetzt noch ganz glücklich dieses Wissen.
Bis es zur Gewissheit wird und nicht mehr weggeht.
Diese Gewissheit, sie bleibt einfach.
Und alles geschieht nur noch aus dieser Gewissheit heraus.
Denn da ist keine Angst mehr –
da ist einfach nur Freude.

Angst, Angst, Angst, immerfort diese Angst!
Da wird der Mensch ja verrückt! Es ist nicht leicht,
sich immer wieder einigermaßen zurechtzurücken.
Aber irgendwie musste es ja auch immer wieder weitergehen.

Ich bin jetzt hier ganz still, ganz ruhig in mir.
Das Komponieren ist für mich nicht so wichtig.
Aber ich unterstütze sozusagen den großen Komponisten.
Ich bin hier noch meiner Aufgabe treu.

Wir wirken zusammen.

Und wie Sie es sich sicherlich denken werden, achte ich
insbesondere auf die weiblichen Pianisten.
Da sind so viele, die mir immer wieder etwas zu grob
erscheinen, zu derb. Die das Weibliche noch zu wenig
in den Vordergrund stellen können.
In den Vordergrund stellen – damit meine ich aber nicht,
dass es alles andere übertönt.

Es muss zusammenklingen das Männliche und das Weibliche.
Aber das Weibliche braucht seinen Raum.

Ich finde offene Ohren mehr und mehr.
Und ich werde meine Aufgabe fortsetzen – wie ein Lehramt.
Und dafür habe ich alles erfahren und gewonnen
und nach meinem Tod geklärt und verfeinert.

Ich bin glücklich über diese Entwicklung.

Nichts war umsonst.
Alles wirkt zusammen.

Gott sei Dank.

Zweiter Kontakt

Und wie ist es mit Ihren Kompositionen? Welche Bedeutung hat dieses Schaffen noch für Sie und wie ist das Zusammenwirken mit Robert Schumann?

Nun, ich bin eine Person, die immer darauf achtet,
das in den Vordergrund zu stellen, was am wichtigsten war,
was die größte Bedeutung hatte in meinem Leben.
Die größte Bedeutung hatte da meine Ehe –
meine Verbindung zu meinem Mann.

Und da wirken wir jetzt als Mann und Frau, als zwei Künstler –
als zwei gereinigte Künstler sozusagen.

Wir sind besonders hilfreich für Menschen,
die einen großen Bedarf an Zuwendung haben,
die in der Kindheit besonders sträflich vernachlässigt worden sind.
Ja, da bin ich die Frau und der Robert der Mann,
sozusagen Vater und Mutter.
Aber nicht in einer Verbindung wie zu kleinen Kindern,
sondern auf der Ebene des Erwachsenseins.

Die Kindheit kann noch so schwer gewesen sein,
der Erwachsene hat immer die Möglichkeit,
den Verstand zu nutzen – und als Erwachsener
nicht aus den kindlichen Vorstellungen und
Kränkungen heraus zu handeln.

Nun, wir konnten das nicht.
Wir waren oft so schrecklich verloren.
Und warum? Wozu das alles?

Aber wir haben uns ja jetzt gefunden.
Wir sind bei uns angekommen.
Wir sind nicht mehr verführbar.

Wir sind voller Liebe für uns und jeder für sich –
und damit für die Menschen, die sich an uns wenden.

Wir schenken Musik und geben Unterricht.
Das Unterrichten liegt mir besonders am Herzen.

Und meine Kompositionen, nun, sie sind mir nicht mehr so wichtig.
Ich brauche sie nicht mehr. Sie sind irgendwie vergangen.

Und da muss ich lächeln.
Ich wollte mich da wohl irgendwie beweisen.
Ich wollte doch auch!
Aber es war die Aufgabe meines Partners.
Meine Aufgaben waren andere.

Aber mir hat es geholfen.
Und dankbar schaue ich auf das zurück,
was ich schaffen konnte trotz allem.
Und da staune ich über unser Menschsein!

Aber so schwer sollten es sich die Menschen nicht machen.
Da ist noch viel zu viel Unordnung, viel zu viel Verwirrnis.
Mit ein wenig mehr Vernunft
ließe sich da schon manches schneller beruhigen.

Und da fühle ich jetzt uns beide.
Und gemeinsam strahlen wir unser Glück heraus.

Keiner neidet dem anderen.
Muss er nicht – weil da nur Liebe ist.

Swjatoslaw Richter
1915–1997

Ich bin hier und denke mir immer,
welche Gnade mir widerfahren ist,
wie ich mein Leben gestalten konnte.

Gnade, Gnade.

Und ich höre dieses Wort immerfort.
Es hämmert sich in mich hinein.
Und ich, wie gehe ich damit um?
Kannte ich das Wort Gnade?

Ich bin klein und hilflos. Mehr kann ich noch nicht sagen.
Zu sehr quält mich meine Schuld, die Schuld,
welchen Schmerz ich meiner Mutter angetan habe.

Ich hatte kein Recht zu urteilen, anzuklagen.
Ich hatte kein Recht dazu!

Und Schmerzen fühle ich, bittere Schmerzen.
Oh, wie hat das alles wehgetan!
Es hat sich in mir breit gemacht.

Aber die Musik, die Musik, die Musik!
Und da möchte ich vor Dankbarkeit niederknien und danke sagen.

Doch ich begreife nicht, wie ich mich als Mensch so verirren konnte.
Ich fühle da eine Bitternis in mir, sie lässt mich nicht frei werden.
Sie hält mich gefangen.

Ich bin ein Gefangener meiner eigenen Gedanken.
Ich spreche mich immerfort schuldig.

War ich schuldig am Tod meines Vaters?
Hat er sich für mich aufgeopfert?
Habe ich das alles falsch verstanden?
Verstehe ich es immer noch nicht?

Da ist noch viel Verwirrnis in mir, fühle ich mich nur schuldig,
ist mir, als ob man mich in den Kerker wirft.
Und dann wieder denke ich mir: Meine Musik!
Es kann doch nicht alles so falsch gewesen sein.
Meine Musik, die Musik, die göttliche Musik?

Wer so spielen konnte wie ich, so selbstvergessen,
wie ich das nennen möchte,
der kann doch nicht nur böse gewesen sein?

Und ich flehe um Gnade. Ich möchte wiedergutmachen.
Ich möchte nicht so stecken bleiben.
Ich möchte vorangehen, ich möchte leben!

Ich komme mir hier vor wie ein Mensch, der sich versteckt hält,
weil er Angst hat, in den Kerker geworfen zu werden.
Und auf diese Weise baue ich mir diesen Kerker ja selber.
Ich bin es, der sich alles so schwer macht.
Ich muss da raus! Und ich kann da raus.

Und ich höre ermutigende Worte um mich herum.
Und mir ist, als ob ich die Eltern höre und alle beruhigen mich.
Ich darf jetzt ankommen, da wo ich bin.
Ich darf jetzt die Augen öffnen.
Ich darf jetzt noch fortsetzen, was ich auf Erden begonnen habe.

Da werde ich ganz andächtig, das klingt gut:
fortsetzen, was ich an Gutem begonnen habe.
Ja, das weniger Gute darf ich beiseitelassen.
Ich muss es nicht mehr mit mir herumtragen.
Ich darf mich öffnen für das Licht, das da um mich herum ist.

Und mir ist, als ob ich aus meinem Kerker heraustrete
und das Licht endlich wieder sehe nach so vielen Jahren.
Es ist fast zu viel.
Ich gehe erst noch ein wenig zurück.
Langsam, langsam!
Zu lange habe ich in der Dunkelheit gelebt.

Und da sehe ich einen Flügel.
Er steht da, es scheint Licht auf ihn.
Ich setze mich hin zum Spielen.
Und ich spiele und spiele.
Ich spiele einfach.

Und mir ist, als ob alles Dunkle von mir abfällt.
Ich bin gerettet.
Die Musik, sie hat mich wieder gerettet.
Oh, die Musik!

Und da bin ich voller Freude.
Und Tränen laufen mir über die Wangen.
Die Musik hat mich wieder gerettet.

Zweiter Kontakt

Es war noch nicht alles, und es ist noch nicht alles.
Ich bin noch wieder in einer Phase der Ordnung,
wie ich das sagen möchte. Da ist noch so vieles,
was sich mir noch immer wieder in den Weg stellt.
Aber es wird immer weniger.

Und ich spüre immer mehr eine große Leichtigkeit.
Ja, eine Erleichterung, weil ich weiß,
ich muss mich nicht schuldig fühlen.
Ich darf damit aufhören. Ich soll es sogar.
Und alles wird leichter.

Da fallen große Lasten von mir ab –
und ich stehe da leicht und unbeschwert
und voller Freude.

Und die Musik dringt ein in mich und aus mir heraus.
Alles fließt einfach so herum, um mich herum.
Und ich stehe da und ich staune.

Aber meine Musik, mein Können, das ist noch zu erkennen.
Das ist noch erfassbar für mich, Gott sei Dank.
Das brauche ich noch, das gebe ich noch nicht her.
Da will ich noch etwas draus machen.
Ich will noch nicht aufhören.

Ich will noch weitergeben!
Ich will unterrichten auf meine Weise,
auf die leichte Weise,
auf die frohe Weise.

Ich unterrichte sozusagen mit Gott in der Tasche.

Das wäre lustig, wenn es viele solcher Musiklehrer gäbe.
Ja, sie hätten den Gott in der Tasche.
Und dieser Gott würde den Ton angeben.

Oh, da würde die Musik zum Klingen kommen
tief im Inneren und dann herausquellen.
Und die Schüler würden staunen,
welchen Schatz sie da in sich verborgen haben.

Es wird!

Und ich stehe bereit.

Vielleicht ruft mich mal jemand an.
Ich bin immer zu Hause.

Dritter Kontakt

Nun, was hat sich geändert seit unserem letzten Austausch,
seit meinen Enthüllungen, meinen Erkenntnissen.

Ich halte nichts mehr zurück, ich gebe alles frei.
Ich kann das, ich bin hier gehalten.
All meine Not, sie findet einen Ort, an dem sie gelindert wird –
und von dem aus sie dann nicht mehr da ist.

Sie verschwindet einfach, sie hat keine Bedeutung mehr.

Wie habe ich mir unnötig mein Leben schwer gemacht –
und damit auch anderen.

Meine Eltern?
Sie haben getan, was sie für richtig gehalten haben.
Und ich?
Ich habe es auf meine Weise in meine Gedankenwelt
hineinpressen wollen. Ja, so heftig!

Wozu das alles?

Es war umsonst!

Wenn man alles zusammentun würde, was Menschen ohne Sinn
und Verstand zusammendenken, dann wäre da viel Licht auf Erden.
Aber sie verdunkeln sich immer wieder ihr Licht, das Licht,
das die Menschheit braucht, sonst geht ihr der Atem aus.

Wenn ich die Musik nicht gehabt hätte!

Aber das möchte ich mir gar nicht mehr vorstellen.
Es wäre ein grausames Leben ohne Freude geworden.

Und ich denke mir, Menschen, die ihrer Berufung nicht folgen, und
sei es auch nur eine in den Augen der Menschen kleine Berufung,
nicht so etwas wie ein aus der Masse herausragender Künstler,
sie haben ja nichts einzusetzen,
wenn Schuldgefühle sie auffressen.
Sie haben dann nichts einzusetzen –
nichts, was wirklich zu ihnen gehört,
aus ihnen heraus geformt wird.

Sie brauchen immer etwas Aufbauendes von außen,
aber das kann nicht halten, was es verspricht.
Das mühsam aufrechterhaltene Lebensgerüst –
es zerbricht.

Und da danke ich mir, dass ich der Musik treu geblieben bin.
Dass ich mich nicht zerstört habe.
Dass ich noch Mensch bleiben konnte –
Mensch zusammen mit der göttlichen Musik.

Was es heißt „göttliche" Musik, das ist mir jetzt noch einmal
ganz besonders deutlich geworden.

Musik ist Leben, gibt Leben. Sie hat mich im Leben gehalten
in ihrer einmaligen Güte und Schönheit.

Da bleibt nur noch Dankbarkeit und Freude –
eine gemeinsame Freude.
Ja, Freude vermittle ich jetzt.

Schuldgefühle lassen keine Freude zu.
Schuldgefühle zerstören.
Das ist alles, was sie können.

Ich bin befreit und dieses Gefühl von Freiheit – das gebe ich weiter.

Friedrich Gulda

1930–2000

Ich wollte die Menschen irgendwie überraschen,
sie aus ihren trübseligen Gedanken herausholen,
auch aus ihren falschen Vorstellungen –
wie ich das immer wieder empfunden hatte.

Sie wollten etwas Bestimmtes von mir.
Aber ich wollte da nicht mitmachen.
Ich habe immer alles ein bisschen aufmischen müssen.
Und ich hatte dann aber oft auch das Gefühl, dass es gut so war.

Ich war mir nicht immer so sicher, wie ich aussah.
Innerlich hatte ich oft sogar Angst, mich herauszunehmen
aus dem Gewohnten, aus dem, was die Zuhörer wollten.
Sie hatten doch schließlich dafür bezahlt.
Aber ich bin mir dann treu geblieben.
Und darüber bin ich auch heute noch froh.

Ich wollte noch viel mehr!
Ach, ich hätte die ganze Welt umarmen wollen!
Und mit ihr alle Musik!
Ich wollte alles vereinen!

Aber da hatte ich mich natürlich enorm überschätzt.
Das geht ja gar nicht. Man verheddert sich eher.
Und dann ist man doch festgefahren.
Aber genau das wollte ich nicht.

Nun, alles ist nicht so geglückt.

Aber ich fühle in mir eine tiefe Ruhe über mich und meine Musik,
wie ich sie zu Lebzeiten nicht haben konnte.

Da war immer eine Angst, es nicht richtig zu machen,
bestraft zu werden. Irgendwann würde die Strafe schon kommen.
Ich bin nicht brav, ich bin kein braves Kind, ich gehöre bestraft.
Ja, das war so heftig in mir, dass mich das manchmal an den
Rand der Verzweiflung gebracht hat.

Aber dann habe ich doch immer wieder zu mir gefunden.
Und die Musik ist aus mir herausgeperlt,
so möchte ich das nennen –
und ich habe die Verbindung zum Publikum spüren können.
Ja, in diesen Augenblicken waren wir eine Einheit.
Und das ist wunderbar, weil das Gefühl da war,
dass ich damit meine Aufgabe als Musiker erfüllt hatte.

Ich habe gespürt, dass da jemand mit mir zufrieden war.
Doch wusste ich dann oft nicht, bin ich das?
Oder ein anderer an meiner Seite?
Ja, da war ich der Zweifler, der voller Angst war.
Und dann der andere, der mir immer Mut zugesprochen hat,
der mich aufgemuntert hat und der mich auch angetrieben hat.
Er hat mir den Mut gegeben, mich nicht aufzugeben,
mir treu zu bleiben.

Und ich fühle auch heute noch die Bewunderung für mich,
für meine Musik, für meine Klänge.
Dafür, wie ich Menschen hereinholen konnte in diese Musik.
Es ist etwas geblieben, das weiß ich heute.
Es ist in vielen etwas geblieben.
Sie haben die Musik oft neu verstanden, neu gehört,
auf eine neue Weise in sich hineingenommen.

Sie haben Musik zugelassen, so möchte ich das nennen.
Sie haben vergessen zu denken, zu analysieren, zu überlegen.
Sie haben einfach Musik in sich eindringen lassen.

Sie haben sich berühren lassen.

Ich bin jetzt so voller Freude,
weil jeder Mensch doch etwas bewirken möchte.
Und ich erkenne mehr und mehr, dass ich bewirkt
und in gewisser Weise auch geheilt habe.
Und das freut mich.

Da bin ich selbst ganz gerührt.
Denn meine Unvollkommenheit hat mir zu schaffen gemacht.
Ich war mir oft selbst im Wege
und habe mich oft selbst nicht verstanden.

Aber dann war ich auf einmal da!
Wie auferstanden aus der Dunkelheit!
Dann gab es diese Verbindung mit der göttlichen Energie,
die kein Wenn und Aber kennt,
die nichts denkt,
die einfach die Töne klingen lässt.

Da bin ich wie in einer Lichthülle dagesessen und habe gespielt.

Ja, das war magisch.
Ich erinnere mich so gerne daran.
Und ich möchte mehr davon.

Ich lache! Ich weiß ja, ich kann da nicht einfach herunterschweben
und wieder spielen. Glaubt mir alle, das würde ich gerne machen.

Aber ich kann weitergeben.
Ich kann Impulse weitergeben.
Ich kann Pianisten finden, die auf der Suche sind
nach neuen Wegen.
Ich kann ihnen helfen, dass sie mehr an sich glauben,
dass sie sich das Leben leichter machen.
Ja, ich glaube, das ist es, was heute wichtig ist.

Und da freue ich mich über alles, was sich da noch ereignet.
Und wenn ich es auch hier aus der Ferne betrachte,
so bin ich doch dabei.

Ich bin nicht weg! Nein, das war ich nie!
Ich hätte das gar nicht können.
Und ich höre hier auch auf die Anweisungen,
die ich bekomme. Ja, die nehme ich ernst.
Und ich weiß, dass etwas Gutes dabei herauskommt.
Ich fürchte mich nicht mehr.

Ich fürchte mich nicht mehr, weil es gar keinen Grund dafür gibt.
Alles kann der Mensch in die Welt bringen, wenn es in aufrichtigem
Gewissen geschieht. Wenn er nichts erzwingen will.
Wenn er keine anderen Menschen zwingen will,
sondern wenn er überzeugt ist von etwas -
und die Stimmigkeit in sich spürt.

Das ist dann das Gefühl, das den Menschen auch in Verbindung
bringt zu seiner Lebensaufgabe, zu dem, was sich die Seele
vorgenommen hat für dieses Leben.

Nun, einigermaßen bin ich mir ja treu geblieben,
mehr sogar, als ich es mir eingestehen konnte.
Ich staune jetzt eigentlich auch über mich.
In gewisser Weise bewundere ich mich auch,
aber nicht in einer falschen Überhöhung.
Denn es ist schwer, sich treu zu bleiben,
verhärtete Strukturen aufweichen zu wollen,
sich gegen die Wünsche und Vorstellungen von
vielen Menschen zu stellen.
Es dann aber auch zu schaffen, diese Wand,
diese Schutzschicht zu durchdringen –
aber in Liebe – das ist magisch.

Mit Gewalt geht nichts, das habe ich auch erfahren müssen.
Nun, ich habe da eine ganze Palette von Erfahrungen.
Aber das Wichtigste, es war mit enthalten.
Der Wert meines Lebens, der war gewonnen.
Und der Gewinn aus meinem Leben –
er vervollkommnet sich jetzt.

Das Musikgeschehen – all diese Äußerlichkeiten,
diese falschen Steifheiten,
dieses äußerliche Getue und Gehabe –
das kann abfallen.
Das soll sogar abfallen!

Und dann ertönt die Musik in einer freien Atmosphäre,
in der der Mensch aufblühen kann mithilfe der göttlichen Musik.

Himmlisch ist das!

Und der Gulda lacht und freut sich und tanzt.

Ja, meine Bewegungen sind da noch in gewisser Weise die alten.
Ihr könnt mich noch sehen so, wenn ihr wollt.
Ich bin und bleibe ein Verrückter.
Aber ein Ver-rückter, der gerade-rückt.

Das gefällt mir!

Cellist

Mstislaw Rostropowitsch
1927–2007

Mich kann nichts erschüttern, nichts mehr.
Ich ruhe hier in mir, ja, so möchte ich das nennen.
Ich bin hier in einer großen Ruhe.

Und ich schaue mir alles an, was da so im Musikleben geschieht.
Ich mache da oft ganz große Augen, damit ich nichts übersehe
und ganz große Ohren, damit ich nichts überhöre.
Und ich muss schon sagen, da gibt es viel Schönes –
aber vieles bringt mich auch in Verlegenheit.

Eigentlich möchte ich nicht tadeln oder rumkritisieren,
weil sich ja ein jeder so bemüht.
Aber was da so alles hervorschwappt, das gefällt mir oft nicht.
Es klingt, ja, aber es verschwimmt dann auch.
Es hat einen guten Klang und die Zuhörer genießen die Musik,
aber irgendwie verschwimmt dann alles wieder irgendwohin.
Die Musik bekommt keinen Halt in den Menschen.
Und oft kommt da auch nichts Passendes zu ihnen,
ist alles irgendwie eingeengt.

Es fehlt das, was vom Musikschaffenden auszugehen hat,
etwas, was man nicht erlernen kann in der Weise,
dass man übt und übt und übt.
Es ist etwas, was über all dem steht, über der Kunst.
Ja, eine kunstvoll gespielte Geige, das kann man bewundern.
Aber kunstvoll alleine?
Das kann dann eher auch etwas künstlich sein.

Ich habe immer versucht, diesem kunstvoll Künstlichen
nicht zu verfallen. Ich wollte immer etwas beimischen,
was Menschen so erreicht, dass etwas bleibt –
in ihrer Erinnerung und in ihren Gefühlen.

Nun, ich weiß noch nicht so recht, ob ich da wirklich mit mir
zufrieden sein kann. Mal denke ich ja, doch dann denke ich wieder:
Ach, ich habe es nicht gut genug gemacht.
Aber dann überkommt mich immer wieder eine innige Ruhe
und die Gewissheit, dass ich mit mir zufrieden sein kann.

Ich bin mit mir zufrieden.

Und mehr ist für mich noch nicht im Angebot –
so möchte ich das sagen.
Ich genieße die Ruhe und Zufriedenheit.
Und um mich herum spüre ich, wie da ein Einklang ist,
ein Zusammenspielen hinein in eine höhere Melodie.

Das beglückt mich!

Und erst einmal möchte ich nur das erleben,
dieses Glück fühlen, ja, die himmlische Musik fühlen.
Aber meine Musik, ich verliere sie nicht.
Meinen Klang, den habe ich nicht verloren.
Er spielt immer eine Rolle.
Er geht nicht verloren mein Klang.

Ist das nicht wunderbar! Ich bin nicht mehr auf Erden.
Ich spiele nicht mehr vor meinem Publikum.
Aber mein Klang,
mein ganz eigener persönlicher Klang,
er begleitet mich.

Und können Sie sich vorstellen, wie schön das ist.
Wie das beruhigt! Wie da ein Gefühl aus mir herausstrahlt,
weil ich weiß, ich habe meine Begabung gelebt.

Ich habe sie nicht verspielt. Ich habe geachtet,
was ich als Gottesgeschenk bekommen habe!

Ja, ich war immer dankbar, fast immer.
Als junger Mensch kam alles noch so natürlich.
Es kamen auch grüblerische und zweiflerische Zeiten,
aber dann war da immer wieder eine tiefe Dankbarkeit.
Und mit dieser Dankbarkeit habe ich gespielt.

Dankbar für die Gabe.
Dankbar für mein Instrument.
Dankbar für das Publikum,
das mich aufmerksam aufgenommen
und mich geschätzt hat.

Es war ein Gesamt-Paket, so möchte ich es scherzhaft nennen.
Es muss vieles zusammenkommen, damit die Musik zu dem
Einmaligen wird, das sie sein kann – und ich erfreue mich daran.

Zweiter Kontakt

Und wie war es mit dem Dirigieren?

Nun, das ist nicht so viel anders. Der Gedanke, die Idee,
das, was der Musik Flügel verleihen soll,
das braucht der Musiker für alles.
Ob er nun ein Solo-Instrument spielt,
ob er singt, oder ob er dirigiert.

Und dann entsteht eine Verbundenheit auf allen Ebenen:
die Musiker, der Dirigent, der Komponist, der Solist.
Es gibt nichts Schöneres als die Musik in ihrer Vollkommenheit.

Und da werde ich sicherlich bald einsteigen,
ja, jungen Musikern beistehen!
Ich sehe viele gute Talente!
Sie müssen nur für ihre innere Freiheit geöffnet werden,
damit sie sich nicht dem zerstörerischen Konzert-Betrieb
ausliefern. Die Gefahr ist groß!

Und traurig sehe ich, wie Begabungen kaputt gehen,
weil der Druck zu groß geworden ist.

Der Mensch muss sich treu bleiben.
Er muss sich selbst verpflichtet sein.
Seiner Begabung, seinen Vorstellungen,
ja, seinen eigenen Vorstellungen.

Er darf sich nicht verbiegen lassen.
Und da möchte ich helfend einsteigen.

Und ich spüre, wie mich wieder die innere Freude ausfüllt,
etwas mitbewegen zu können,
etwas mitgestalten zu können.

Dritter Kontakt

Es ist mir manchmal so, als ob ich die ganze Welt
umarmen könnte – so froh bin ich – so erleichtert –
so innerlich beglückt.

Alles ist da jetzt in mir zusammengekommen.
Da gibt es keine Aufteilung mehr in das, was gut ist
und das was schlecht ist.

Ich bin eine Einheit.

Diese Einheit ist es, die mich stark macht.
Diese Einheit ist es, die mich in der Liebe sein lässt.
Und diese Einheit ist es, die mich vollkommen macht
in der Hilfe für die Menschen und die Künstler.

Liebe macht keine Trennungen.
Liebe liebt, ohne zu beurteilen,
ohne zu verurteilen,
ohne immer wieder doch noch irgendwo
ein Haar in der Suppe zu finden.

Nun, das kann schon immer wieder mal passieren,
aber es ist gleich weg.
Da kann ich mich anlächeln und mir
die Hand zur Versöhnung reichen.
Und gleich ist wieder alles, als ob es nie dagewesen wäre.

Ich kann mich jetzt voll und ganz meiner Aufgabe
für die Menschen widmen.

Das macht mich froh – das weitet mich.

Gott hat für alles vorgesorgt.

TEIL II

Die Musik ist das Heilmittel der Zeit

Fangt bei den Kindern an

<u>Gott</u>: »Es wird sich immer mehr alles mischen,
alles zusammenmischen.
Alle Klänge der Welt nähern sich an.
Das ist meine Hilfe, meine göttliche Hilfe.

Musik ist das Heilmittel der Zeit –
ein anderes Heilmittel ist noch nicht erfunden.

Glaubt an das Göttliche in euch, an die göttliche Musik.
Findet euren Klang und Klänge, die euch wohltun,
die euch Freude machen,
die euch fröhlich und auch übermütig machen.

Aber immer angemessen.
Und nicht zu einseitig.
Es gibt da so viel zu entdecken!

Geht immer auf Entdeckungsreise.
Hört nicht auf damit!
Ihr wisst gar nicht, wie viele Schätze
für euch noch verborgen sind.

Ich bin der Wächter über der Musik –
ja, so möchte ich das ausdrücken.
Denn die Musik ist meines,
so wie alles meines ist.

Aber ich möchte hier die Musik hervorheben
als etwas ganz Besonderes!
Das ihr nutzen könnt, jeder nutzen kann –
das das menschliche Leben erfreuen
und hilfreich begleiten kann.
Und auch soll!

So ist sie gedacht die Musik!
Bedenkt das immer!

Ich bin Musik. Musik aus mir heraus.
Ein Klang, der mächtig ist, aber nicht übermächtig.
Nein, denkt das nie!

Die Liebe in den Kindern, mit der sie in die Welt kommen,
braucht Musik, um lebendig bleiben zu können!

Und da kann ich nur immer wieder sagen:
Fangt bei den Kindern an!
Bitte, fangt bei den Kindern an!
Es ist noch nicht zu spät.«

Kinder sind ein Geschenk

Engel: »Wir schauen auf jedes Kind voller Freude
und mit großen Augen.
Ja, wir machen immer große Augen,
damit das Kind staunen kann,
damit es uns *erfühlen* kann.

Seid euch der Engel gewiss,
die helfend zur Seite stehen.

Nehmt sie hinein in euer Gefühl.
Fürchtet euch nicht!

Es sind die sanften Engels-Anteile,
die ihr zu spüren bekommt.
Sie lassen euch lächeln.
Sie lassen euch Freude empfinden
für das göttliche Kind.
Ja, so möchten wir das sagen.

Jedes Kind ist göttlich – ist ein Wunder.
Und dieses Wunder braucht Musik.

Ja, hört hin: dieses Wunder braucht Musik –
damit es sich gut entwickeln kann!

Wir haben eine Liebe für die Kinder, für jedes Kind.
Es gibt kein Kind, das nicht von uns gesehen wird.
Wir erfüllen unsere Aufgabe gut.
Wir geben den Kindern den Glanz der Liebe.
Sie erstrahlt aus ihren Augen.

Wenn die Augen der Kinder sich verdunkeln,
dann wisst, dass ihr es seid, die den Kindern die
Lebensfreude nehmen, sie einengen, sie zerstören.

Denkt an das Göttliche in den Kindern.
Denkt an die Hilfe der Engel.
Und freut euch, was euch da geschenkt worden ist.

Kinder sind ein Geschenk!

Aber wer möchte das wirklich so sehen?

Ein wenig oberflächlich wird da gesprochen und gedacht.
Aber die wirkliche Tiefe dieses großen Ereignisses,

dieses Wunder, das da geschieht,
das hat kaum Platz bei den Erwachsenen.

Drum denkt da um!
Schaut verändert auf eure Kinder.
Sie helfen euch zu leben!
Sie geben euch!

Dankt es ihnen!

Und achtet darauf, dass sie in einer entspannten Umgebung
aufwachsen können!

Zu wenig Entspannung gibt es.
Alles ist viel zu viel in Hetze.
Das Licht in den Kindern verdunkelt sich dadurch.

Wir bitten euch, achtet auf die Kinder!

Sie sind so wichtig!
Sie sind die Zukunft!

Achtet auf die Kinder!«

Musik für das werdende Kind

Gott: »Was ist ein Kind?
Was bedeutet euch ein Kind?
Welchen Wert misst ihr einem Kind bei –
wirklich bei?

Was gebt ihr dem werdenden Kind?

Worauf kann es dann aufbauen,
wenn es in die Welt hineingeboren wird?
Ja, worauf kann es aufbauen?

Ist da Helles hineingekommen?
Frohes?
Lachendes?
Tanzendes?
Musik, Musik, Musik?

Da wird streng auf eine Mutter geschaut,
die Freude am Tanzen hat.
Sie ist viel unterwegs, sie freut sich des Lebens!
Das werdende Kind spürt es.
Und wenn da noch Freude der Mutter über das Werden
des Kindes in ihr dazukommt – dann ist es gut.

Ja, das alleine ist schon gut!

Denn was denkt ihr,
hat so ein werdendes Kind alles zu ertragen?!

Ohne die Hilfe der Engel könnten die Kinder
Leben nicht schaffen –
vor der Geburt und nach der Geburt.

Seid euch dessen bewusst!«

Geistführer:
»Für das werdende Kind ist die Musik besonders wichtig.
Aber auf die richtige Musik kommt es an!
Und auf die Absicht!
Mit Musik-Beschallung wird kein Meister vom Himmel fallen!
Das wollen wir in aller Deutlichkeit sagen!

Aber mit sanften Klängen, die die Mutter
in sich hineintönen lässt –
sie umfangen das werdende Kind liebevoll.
Es gibt dem Kind Zuversicht,
dass sich alles gut entwickelt.

Es ist immer die liebevolle Zuwendung wichtig.
Das Sich-Bewusstmachen, was da vor sich geht!
Was da für ein Wunder sich zeigt,
dass da ein neuer Mensch heranwächst.

Nun, auch da gibt es Hilfen, stehen Engelskräfte bereit,
sanfte Engels-Aspekte, die sich heilend einfügen
in die Verbindung von Mutter und werdendem Kind.

Aber dazu bedarf es der Ruhe.

Hektik hat da keinen Platz.
Eine beruhigende Umgebung.
Kein Zeitdruck, kein Termindruck.

Einfach nur Zeit für das werdende Kind.«

Musik für das Baby

Gott und alle kosmischen Helfer:
»Nun, ganz wichtig, ganz wichtig!
Musik ist ganz wichtig!
Sie ist so wichtig wie die Ernährung.

Aber immer mit der notwendigen Zuwendung!

Die Musik darf kein Ersatz sein für fehlendes Betreuungs-Personal
oder für die Abwesenheit der Mutter!
Das kleine Kind braucht immer die Bezugsperson,
die vermittelt,
die weiterträgt,
die sich freut über das Kind.

Oh, wie wichtig ist diese Phase der Entwicklung!
Und wir sehen da keine guten Bedingungen.

Sanft und ruhig – beruhigend – lächelnd – freudig auf das Kind
schauend.

Das muss nicht immer eine und dieselbe Person sein.
Nun, davon raten wir sogar eher ab!
Das Kind lernt zu unterscheiden. Es wird wacher.
Es orientiert sich nicht nur an einer Person.

Und wenn diese eine Person sich nicht ausreichend gebunden fühlt
oder das Kind zu sehr in ihre Energie hinein nehmen will – beides
ist gleichermaßen schädlich –, dann ist es ein Segen für das Kind,
wenn neben der Mutter es auch freudige junge Menschen
begleiten.«

Und wie ist das mit den Vätern?

»Nun, die Väter sind auch wichtig!
Sie sorgen für Ruhe und Geborgenheit.
Sie halten Störenfriede fern.
Sie kümmern sich um das Wohl der Mutter.

Ja, da gibt es unterschiedliche Rollenverteilungen.
Wie soll das auch anders möglich sein?!

Väter, die glauben, sie müssten handeln wie die Mütter,
sie wagen sich zu weit vor, sie übernehmen sich.

Sie sollen Männer bleiben,
Väter bleiben.
Sie helfen mit!

Sie sind ein zuverlässiger Partner für die Frau!

Das Kind spürt das Zusammenwirken von Vater und Mutter.

Und wenn beide noch zusammen
kleine Lieder für das Kind singen –
dann gibt es eine innere Freude und
Sicherheit für das kleine Kind.«

Musik in den Kindergärten

Geistführer:»Nun, da ist es leicht mit der Musik.
Da kann man in die vollen Musik-Kisten greifen.
Da gibt es immer mehr, was den Kindern Freude macht.
Da sind es auch die Texte, die Rhythmen, die wichtig sind.

Und Abwechslung in der Musik –
viel Abwechslung!

Da kann man auch schon ein wenig das Musikhören
einbringen, wenn alle ganz andächtig zuhören.
Ja, andächtig zuhören!
Damit sie es später auch können,
und ihnen der Gewinn der Musik erhalten bleibt.

Aber auch Musik und Bewegung.
Musik und Tanz.
Sich frei bewegen.
Sich mit der Musik bewegen.

Musik in Bewegung umsetzen.

Und alles ohne Lob und Tadel!
Das Kind braucht den Einklang mit sich selbst.
Es findet seine eigene Melodie.
Sie geht ihm nie verloren!«

Musik in den Schulen

Geistführer: »Nun, was glaubst du wohl,
was wir dir dazu sagen können?
Du möchtest bestimmt etwas Aufmunterndes hören?
Aber wir können nur sagen, da gibt es nicht viel.
Da ist kein Hoffnungsschimmer am Horizont zu sehen.
Da ist eigentlich nichts, was heilsam für die Menschen ist.

Da ist soviel Verachtung für die Musik
und soviel Vorzeige-Fanatismus!
Soviel Druck, soviel Widerwillen von denen,
die in diesem System die Kinder fröhlich machen könnten.

Ja, das ganze System ist verrottet.

Hin und wieder dringt der göttliche Schimmer durch.
Und wir möchten nicht die unerwähnt lassen, die sich bemühen,
wirklich bemühen und auch schon erkennen.
Aber die Dunkelheit legt sich immer wieder hinein –
aus vielfältigen Richtungen und verklebt die Sensoren,
die das Göttliche aufnehmen können,
damit es in die Kinder eindringt.

Es ist das ganze System, das nicht zulässt.
Das ganze System braucht eine neue Form.
Und die Musik braucht da einen wichtigen Platz!

Die göttliche Musik, das ist es, worauf es ankommt!
Den Wert der Musik erkennen, den echten Wert,
den heilenden Wert der Musik!

Wir alle werden den Menschen helfen,
wenn sie endlich aufwachen.

Sie müssen aufwachen!«

*Und wie ist es mit der Musik in den **Musikschulen**?*

»Nun, was glaubst du, werden wir dir jetzt antworten?
Ist da etwas, was wirkliche Früchte trägt?

Da keimt es auf. Da beginnen auch schon
kleine Blümlein heraus zu wachsen,
ganz sanft und scheu und voller Erwartung.
Aber dann wird das alles wieder zertreten.
Der Blick ist nicht auf die Kinder gerichtet –
auf das, was sie brauchen,
auf das, was sie ersehnen.

Die eigentliche Absicht überschattet alles wieder.
Ja, die eigene Erwartung!
Die Kinder sind zu selten im Blickwinkel.

Macht den Kindern keinen Druck!

Druck zerstört Liebe und Freude an der Musik!«

Musiklehrende haben eine herausragende Bedeutung

Geistführer: »Ja, die Lehrer!
Sie müssen sich erst einmal selbst beantworten,
welche Bedeutung die Musik für sie hat.

Und warum unterrichten sie, warum?
Welche Intention haben sie für die Kinder,
die sie unterrichten?

Ja, da werden manche mit dem Kopf schütteln
über diese Dämlichkeit, die wir da verbreiten.
Aber sie sollten erkennen, auch für sich!

Es geht um das ganze System,
in das sie sich hineinverwoben haben.
Es geht ihnen gar nicht mehr um die Musik.

Aber bitte, es gibt sie noch!
Die, die nach anderen Wegen suchen
und forschen und sich freuen können.
Es gibt sie!

Aber halten sie durch?
Ja, das ist immer die Frage?
Halten sie wirklich durch?

Das System ist mächtig!

Und dem zu widerstehen ist eine große Aufgabe –
für jeden, der in diesem System mitwirkt.
Das ist eine große Aufgabe!

Und wir schreiben in großen Lettern:

Macht euch auf den Weg,
das Göttliche in der Musik zu erfühlen –
es in euch zuzulassen –
es in euch hineinfließen zu lassen –
und dann gebt es an die Kinder weiter.

Für jeden ist gesorgt.
Für alles ist gesorgt, wenn,
ja, wenn die Menschen erkennen würden!

Es gibt jede Hilfe! Jede Hilfe ist da!
Jede passende Hilfe! Hier sind so viele,
die hilfreich eingreifen können und auch wollen.
Hier sind so viele, die Musik sind.

Alles fließt ohne Anstrengung.
Sie stehen bereit.
Sie sind ein ganzes Heer von hilfreichen Kräften.
Für jeden zeigt sich das, was gerade wichtig ist für ihn.
Sie werden sozusagen da hingeschickt,
wo sie gebraucht werden –
und wo ein Wunsch da ist.
Ja, es muss ein Anliegen da sein
und eine Bitte um Hilfe!
Das ist alles.

Es haben sich viele zusammengetan, um euch beizustehen,
die Köstlichkeit der Musik zu erspüren, sie in euch aufzunehmen,
das allgemeine Musikgeschehen in den Schulen zu fördern
und zu einer großen Freude für die Kinder werden zu lassen!

Aber ihr müsst zugreifen!
Die Zuständigen müssen sich Hilfe holen!

Denn da sieht es traurig aus, sehr traurig.

Da gibt es viel zu wenige, die lehren, die unterrichten,
die vermitteln, die weitergeben.
Und davon sind es viel zu wenige,
die wirklich wissen, worauf es ankommt.

Nun, da müssen wir auch ehrlich sein,
ist das oft auch ein Problem mit den Schülern –
sind sie übermüdet –
übermäßig gefordert von vielen Seiten.

Alle, die Musik unterrichten,
sollten sich zusammentun und Forderungen aufstellen!
Es sollte ihnen bewusst sein, welche wichtige Bedeutung
sie haben für das alltägliche Leben der Menschen.
Sie haben eine herausragende Bedeutung!

Aber diese Bedeutung wird ihnen nicht beigemessen.
Überhaupt nicht! Sie sind zu einem Anhängsel geworden.
Manchmal sogar zu einem lästigen Übel,
das man noch irgendwie mitziehen muss.

Aber so darf es nicht weitergehen!

Lasst nicht locker, lasst ihnen keine Ruhe!

Aber dazu müsst ihr euch erst zusammenfinden –
und gemeinsame Ziele aufstellen!

Und dann legt los!

Ihr habt das Recht dazu!

Aber macht alles mit Bedacht und ohne das Gefühl,
euch selbst in den Vordergrund stellen zu müssen.
Sondern bedenkt, dass es um die Kinder geht.

Und wenn ihr aufrichtig eure Ziele formuliert
und durchsetzen wollt,
dann wird es euch auch gelingen!

Jedes Kind hat ein Anrecht auf Musik-Förderung!
Ja, es ist Förderung! Aber ohne Benotung!

Musik hat mit Benotung nichts zu tun!
Dann habt ihr den wahren Kern von Musik noch nicht verstanden!

Denkt darüber nach, wir bitten euch, denkt darüber nach!
Es ist nichts, was man den Kindern aufdrängen muss.
Es ist nichts, wo ein bestimmtes Ziel erreicht werden muss.
Es hat nichts mit einem bestimmten Niveau zu tun.

Es geht um das *Fühlen*!

Musik hilft den Kindern, ihre verschütteten Gefühle zu retten.
Ja, bei Kindern ist das noch leichter. Wenn sie erst einmal
erwachsen sind, dann wird es schwer.

Gebt den Kindern von der Musik alles,
was ihre Augen froh macht.
Wenn die Augen sich verdunkeln,
wenn sie sich überfordert fühlen,
dann ändert sofort!

Musik und Druck, sie passen nicht zusammen!

Ohne Druck wird jedes Kind den inneren Drang spüren,
sich zu vervollkommnen.
Es geschieht dann ganz von alleine.
Die Hilfen, die bereit sind, sie werden zugelassen,
ohne dass es den Kindern bewusst ist.
Es geschieht einfach, weil sie sich öffnen können.

Druck lässt es nicht zu, sich zu öffnen.
Druck gibt der Musik einen schalen Beigeschmack.

Druck wertet.

Das hat mit der Musik und der Liebe in der Musik
nichts, aber auch gar nichts zu tun!

<u>Gott</u>: »Drum denkt nach über das,
was da ausgesagt ist!
Es hat eine große Bedeutung!

Und alle werden profitieren,
wenn Veränderung geschieht.

Und da ermahne ich alle Lehrenden:

Denkt nicht nur an euch,
sondern an das, was ihr vermittelt.
Die Kinder brauchen gute Nahrung!
Sie bekommen viel zu viel Vergiftetes!

Nehmt eure Aufgaben ernst in der Weise,
dass ihr etwas Wunderbares,
Frohmachendes vermittelt.
Und achtet darauf, wie ihr das vermittelt.«

Helft den Kindern der Welt – Die Musik und die Engel

Engel: »Wir sind dauernde Musik –
eingefangen in einen dauernden Tanz –
eingefangen in ein dauerndes Glitzern und Funkeln –
eingefangen in *Alles*, was *Gott* ist.

Die Musik ist unser ureigenstes Wesen –
ist unser Zuhause.

Es klingt in uns – um uns herum – aus uns heraus.

Überall klingt es.
Und in diesem Singen und Klingen –
da bewirken wir.

Wir wirken heraus aus Klängen.
Unsere Heilkräfte sind Musik,
sind Klänge, sind heilende Klänge.

Wer uns hört, der hat gewonnen.
Ja, wer uns hören kann,
wer keine Angst vor uns hat,
der hat gewonnen.

Wir sind in einem dauernden Bestreben,
die Menschen zu erreichen.
Und wenn sie sich einklinken in ihr eigenes Bedürfnis,
wenn es ein aufrichtiges Bedürfnis ist, dann können
wir sie heilsam mit unseren Klängen erreichen.

Für jeden Menschen klingt das anders.
Für jede Heilung gibt es eine andere Färbung.
Aber für alles ist gesorgt.
Es gibt nichts, was wir nicht versorgen können.

Wir sind Abgesandte von Gott –
aber in seiner reinen Essenz.

Was können wir beitragen zur Menschwerdung?
Womit wir meinen, dass die Menschen wie Menschen handeln,
nicht wie Wesen, die gar nicht wissen,
wie schön das Leben sein kann,
was das Leben alles bereithält für sie.

Sie haben sich abgewandt von Gott.
Sie halten sich gefangen in einem Netz.
Sie verspielen ihre Freiheit.

Wir stehen auch für Freiheit.
Heilung ist Freiheit.
Heil werden – frei werden.

Und das geschieht mit der Musik.
Ja, glaubt uns!

Wenn Engel heilen, ist da die Musik immer mit im Bunde.
Es ist die Musik, die heilt.

Die Musik ist das Heilmittel der Zeit.
Sie steht allen Menschen zur Verfügung.
Glaubt uns bitte! Allen Menschen!

Und da denken wir an die Kinder.
Wir können sie noch so gut erreichen.
Und wenn ihr unseren Beistand in den Kindern nutzt,
so wie er seine Bedeutung hat,

dann kann sich in den Kindern auftun,
was ihnen für ihr ganzes Leben hilft.

Sie sind vereint mit dem Heilmittel Musik.
Es liegt da auf dem Grund ihres Seins.
Sie werden gestärkt ins Leben eintreten können.

Und diese Hilfe brauchen sie!

Da ist soviel Vergiftetes, was in die Kinder eindringt,
schrecklich viel Vergiftetes.
Es fließt von so vielen Seiten hinein in die Kinder.

Helft ihnen, wir bitten euch!

Helft den Kindern der Welt!

Sie können zu einer Armee der Hungernden
und Frierenden werden.
Sie können aber auch zu einer Armee werden, die aufbaut,
die die Welt in ihre eigentliche Schönheit zurückführt.

Ja, auch das ist möglich.
Und so soll es geschehen!

Drum hört auf alles, was da gesagt worden ist.
Hört auf unsere Botschaften!«

Seid mutig – Fürchtet euch nicht vor dem Alleinsein

<u>Gott</u>:
»Alles ist ein großes Wagnis, wenn ihr
Veränderung in eure Leben bringen wollt.

Ja, das ist es!
Aber ich möchte euch Mut zusprechen.

Seid mutig!

Fürchtet euch nicht vor dem, wonach ihr euch sehnt,
und dem ihr oft keinen Namen geben könnt.
Ja, es ist euch nicht bewusst, worum es für euch geht.

Macht euch bewusst, was geschehen muss,
damit ihr in Frieden leben könnt.

Macht euch das bewusst!

Ihr könnt jetzt erkennen –
jeder für sich.
Erst ein wenig, aber dann immer mehr,
bis es im Menschen zur Gewissheit wird.

Und dann geschieht das Unerwartete,
das Einmalige,
das Wunder,
das sich in euch auftut –
das göttliche Wunder.

Ihr könnt es euch leicht machen
und es kann schwer werden, sehr schwer.

Bedenkt das immer und immer wieder.
Da habt ihr die Wahl – ihr ganz alleine.

Ihr werdet nicht verlorengehen.
Aber wie sich alles entwickelt, in welcher Grausamkeit,
in welcher Schwere oder mit welchen frohen Einschüben,
frohen und kraftspendenden Einschüben,
das habt ihr in der Hand.

Der Mensch ist seines Glückes Schmied.
So ist es und so wird es immer bleiben.
Und wenn er erkennt,
wenn ihm bewusst wird mehr und mehr,
worum es für ihn geht,
dann findet er zu seinem eigenen Streben –
dann begibt er sich nicht mehr in destruktive Abhängigkeiten.

Und alles kann er nachlesen, erforschen,
mit anderen zusammen herausfinden.
Ändern wollen,
sich ändern wollen,
sich verändern wollen.

Der Mensch will ja, aber es fehlt ihm oft der Mut dazu.
Er fürchtet, nicht von der Allgemeinheit anerkannt zu sein.
Er fürchtet sich vor dem Alleinsein.
Und dann ist er nur ein blasses Wesen seiner Selbst,
seines Leuchtens, das da in ihm darauf wartet,
wahrgenommen und genutzt zu werden.

Liebt euch in Aufrichtigkeit – und der Segen des Menschseins
wird sich auftun für die Menschheit. Das walte Gott.

Und ich bin unerschütterlich an eurer Seite –
unerschütterlich.«

Weitere Bücher von Ingrid Brachtel bei tao.de

Vom Ego zum wahren Menschsein
Paperback, 2013
ISBN: 978-3-95529-240-9

Das Ego und die Liebe
Hardcover, 2015
ISBN: 978-3-95802-449-6